JN419610

걷거나 죽거나

삶을 리셋하는 법

걷거나 죽거나 삶을 리셋하는 법

초판 1쇄 인쇄_ 2025년 10월 25일 | 초판 1쇄 발행_ 2025년 10월 30일
지은이_김영진 | 펴낸이_오광수 외 1인 | 펴낸곳_새론북스
주소_서울시 용산구 한강대로 76길 11-12 5층 501호
전화_02)3275-1339 | 팩스_02)3275-1340 | 출판등록_제2016-000037호
E-mail_ jinsungok@empas.com
ISBN_978-89-93536-78-2 03810
※ 책 값은 뒤표지에 있습니다.
※ 새론북스는 도서출판 꿈과희망의 계열사입니다.

생각이 바뀌면 삶이 달라진다. 중요한 건, 멈추지 않는 것이다.

걷거나 죽거나
삶을 리셋하는 법

김영진 지음

새론북스

우리에게 주어진 아주 특별한 마법의 시간이 있다. 쏜살같이 흐르기도 하고, 예측 불가능한 미지의 항해를 여행하기도 한다. 바로 '인생'이다. 이 단 한 번의 기회를 우리는 어떻게 채워나가야 할까? 어떤 색깔로 물들이고, 어떤 모습으로 만들어야 할까? 매일 똑같은 루틴 속에서 길을 잃은 듯한 기분이 들 때도 있고, 너무나 많은 선택지 앞에서 망설이며 헤맬 때도 있다.

우리는 자주 잊는다. 지금 내가 살아 있는 것만으로도 얼마나 큰 기적인지를. 매일 눈을 뜨고, 숨을 쉬고, 걸을 수 있는 것. 이 단순한 사실조차 당연하게 여기고, 마치 무한한 시간을 가진 것처럼 살고 있다. 하지만 시간은 유한하다. 그 누구도 몇 살까지 살 수 있을지 모르고, 내일이 반드시 온다는 보장도 없다. 지금 이 순간을 어떻게 살아가야 할지 고민하는 것이 중요하다.

인생은 한 번뿐이라는 진실은 이 모든 기적의 순간들을 더욱 소중하게 만든다. 유한한 시간 속에서 우리는 어떤 순간을 만들어갈지 선택할 수 있고, 어떤 기적을 발견하며 살아갈지 결정할 수 있다.

  오늘 하루도 살아가는 자기 자신에게 수고했다고 따뜻한 위로를 건네고, 작은 것에도 감사하며 기적을 찾아나서는 즐거움을 느껴보자. 우리 인생은 그 자체로 이미 가장 소중하고 아름다운 기적이다.

  삶을 바꾸는 일은 거창한 각오에서 시작되지 않는다. 걷기부터 시작해도 좋고, 새로운 취미를 찾아도 좋다. 그 작은 변화가 결국 우리의 일상을 바꾸고, 나아가 인생의 방향을 바꾼다. 몸이 움직이면 생각이 달라지고, 생각이 바뀌면 삶이 달라진다. 중요한 건, 멈추지 않는 것이다.

1부

도전은
멈추지 않는다

오늘 떠나고 싶은 사람은
단 한 사람도 없다

"오래 살아서 뭐하나? 빨리 죽어야지."

어르신들이랑 이야기할 때 자주 가슴을 철렁하게 하는 말이다. 정말 나이가 들면 빨리 세상과 작별하고 싶어질까? 굳이 부연설명을 하지 않아도 안다. 그분 역시 정말 내일 죽어도 여한이 없는 것은 아니라는 것을. 그러나 노인의 3대 거짓말이라는 우스갯소리로 듣고 그냥 흘려버리기에는 나름 뼈 있는 말이 아닐 수 없다.

오래 되지 않은 일이다. 길을 가다가 우연히 이십여

년 전 이웃에 살던 어르신을 만났다. 일흔여덟인 그분은 잔주름만 좀 있을 뿐 눈에 띄게 아픈 데도 없어 보이고 정정했다. 곱게 나이 들어가는 모습에 해후의 감격이 더해지면서 한참 동안 서로 손을 잡고 옛날 얘기도 하고 식구들 근황도 늘어놓았다.

그분 역시 이야기 나누던 중, 살 만큼 살았으니 죽어야 한다는 이야기를 하셨다. 막상 말로는 막내딸 결혼하면 내일 죽어도 여한이 없다 했지만 그 소원이 이루어지면 다음 소망 리스트가 기다리고 있을 것이다. 손주들이 기다려질 것이고 아이들의 입학, 졸업 그리고 멀게는 결혼까지 생각하게 되지 않을까. 그분만이 아니라 오늘을 사는 우리 모두 마찬가지로 마음속은 내일은 또 다른 태양이 뜨기를 기다리는 간절함으로 가득 차 있을 것이다.

호스피스 의사 카렌 와이어트의 책 〈일주일이 남았다면〉에는 시한부 환자들이 죽기 전 마지막 순간 가장 후회했던 7가지가 나온다. 죽을 만큼 마음껏 사랑해 볼 걸, 조금만 더 일찍 용서할 걸, 걱정은 내려놓고 행복을 만끽할 걸, 마음을 열고 포용할 걸, 한 번뿐인 인생 열정적으로 살아볼 걸, 아등바등 말고 여유를 가지고 살 걸, 있는 그대로에 감사하며 살 걸.

죽음을 눈앞에 둔 사람들이 하고 싶은 것은 황금침대에 누워보는 것이나 지구 한 바퀴를 도는 여행처럼 그들의 소원이나 버킷리스는 그리 거창한 것이 아니다. 우리가 살아가면서 평소에 마음만 먹으면 할 수 있는 일들로 지극히 평범한 일상 속에서도 얼마든지 실행 가능한 것들이었다.

단언컨대 한 가지 확실한 것은 그 누구도 오늘 지금 당장 생을 마감하고 싶은 사람은 없다는 것이다. 병으로 시달리면서 고통과 아픔 없이 떠날 수 있도록 도와달라고 호소하는 환자마저도 의사로부터 기적처럼 완치하는 가능성이 자신에게도 있다는 말을 듣는다면, 생각이 달라져 하루라도 더 살아보고 싶단 마음이 꿈틀대기 시작할 터이다.

'죽음'이라는 이 무거운 언어를 처음부터 들먹이게 된 이유는 분명하다. 책 제목이지만 많은 이들의 공감을 얻은 고 임세원 정신건강의학과 전문의의 〈죽고 싶은 사람은 없다〉는 한 문장처럼, 우리 모두는 지금 죽고 싶은 게 아니다. 우리가 처한 고통으로부터 벗어나고 싶은 것이다. '언젠가는 죽는다'는 것 또한 사실이자 진리이고 세상과의 작별이 어떤 누구에게든 슬픈 일이지만, 그 속에서도 최선의 방법을 찾아 우리 모두가 공통분모로 추구해야 할 것이 있다면 바로 건강하게 살다가 떠나는 일이다.

인간의 삶에서 세상에 나오고 훗날 다시 세상과 작별하는 일만큼 큰일은 없다. 미국의 인디언 부족 가운데 가장 인구가 많으면서 흔히 북아메리카 인디언으로 불리는 나바호(Navaho)족이 전하는 삶에 대한 메시지를 들여다보자. 그들은 내가 태어날 때 나만 울고 세상 사람들은 웃었지만 내가 눈을 감을 때는 나만 웃고 다른 사람들은 울어주는 삶을 살아야 한다고 강조한다.

한 사람의 인생을 사후에도 빛나게 하는 것은 돈, 명예, 권력이 아니다. '얼마나 가치 있는 삶을 살았는가'이다. 거창하게는 인류를 위해서 국가를 위해서 평화를 심고 공헌한 삶이라고 할 수도 있겠지만 나바호족이 전하는 인생 철학처럼 지역사회에서 이웃들에게 어떤 사람으로 살다 갔는가 또한 가치 있는 삶의 영역인 것이다. 그렇다면 나 스스로 신체적 건강, 정신적 건강을 잘 지키는 것이야말로 가치 있는 삶을 살기 위한 선행조건이 되지 않을까 싶다.

당신이 삶에서 진정으로 원하는 것이 무엇인지 알게 되는 순간, 세상의 모든 것이 그 방향으로 움직이기 시작한다.
– 파울로 코엘료

40+ 인생은 생방송

'불혹(不惑)'.

공자가 말한 나이 40세를 가리키는 한자어다. '미혹되지 않는다'는 이 말이 전하는 메시지는 마흔 살이라면 세상의 모든 일에 대한 시시비비를 가리고 분별력을 지니며 감정은 적절하게 절제할 수 있으니 세상사에 쉽게 홀림이 없어야 한다는 얘기다.

이 두 글자에 사람들은 긴장한다. 내 나이가 어느새 사십이라니 믿겨지지 않는다는 식으로 당황해하는 이들도 적지 않지만 그것도 잠시일 뿐이다. 40세라면 남녀를 불문하고 직장에서는 그야말로 한창 일을 할 때이고 꿈을 이루고 성공을 향해 달려가야 한다는 일념에 갇혀 있기 마련이다. 그런가 하면 일도 사랑도 2030 시절 경험했던 방황과 실수를 다시는 반복해서는 안 된다는 각오 또한 더욱 굳어지는 시기다. 하지만 내가 생각하기엔 그 모든 것보다도 이 나이가 되면 정작 놓치지 말고 챙겨야 하는 것은 바로 건강이다.

'청년'이라고 불리는 젊은 시절 우리가 흔히 하던 얘기가 있다. 누군가는 스무 살이 넘어서도 키가 몇 센티더 자랐다고 했고 또 다른 누군가는 며칠 동안 하루 두세 시간씩 잠을 자면서 공부를 하고 일을 했는데도 체력이 따라주더라고 건강을 자랑하기도 했다. 설령 젊은이 그 당사자가 아니더라도 우리는 청춘에 대한 갈채와 부러움을 동시에 보내기도 한다.

나이 사십이 되면 청년이 아닌 '중년'으로 불린다. 단지 숫자의 의미를 뛰어 넘어 우리의 신체가 이젠 바뀌었다는 것을 의미하며 대다수의 사람들이 이 말에 동의 한다. 스포츠 스타로 군림하면서 영광의 깃발을 휘날리던 많은 운동선수들이 늦어도 사십 이전에는 은퇴를 결정한다는 것을 모르는 이가 없다. 아무리 건강한 유전자를 갖고 태어난 사람일지라도 힘이 장사인 체력의 소유자일지라도 나이 앞에서는 그 어떤 자만도 할 수 없다.

40세는 우리의 인생 주기에서 아주 중요한 이정표임엔 틀림이 없다. 무엇보다도 신체 변화의 대 변환기라는 사실이 그렇다. 의사들이 공통적으로 내놓는 소견이 있다. 가족력이 있거나 40세 이상이면 매년 혈압을 측정해야 하고 위내시경을 해야 하며 시력이 나빠지기 시작할 수 있으니 눈 건강을 확인해 보라고 한다. 또 40세부터 우리의 신체는 매년 근육량의 약 1%를 잃는 만큼 이 또한 반드시 체크하고 신경을 써야 한다고 말한다.

누구라고 할 것 없이 나이 40세가 되면 생애 전환기를 맞이하게 되는 셈이다. 이때부터 우리의 노화는 본격화되고 철저하게 자기관리를 하지 않으면 평균 기대수명을 기대하기 힘든 상황을 스스로 초래할 수밖에 없다는 말이기도 하다.

보건복지부가 발표한 'OECD 보건통계로 보는 우리나라의 보건의료'에 따르면 우리나라 국민의 기대수명은 2019년 기준 83.3세다. OECD 평균 81.0세보다 2.3년 더 길고 10년 전과 비교하면 3.3년 늘어난 숫자다. 남성의 기대수명이 80.3세이고 여성은 86.3세다. 나이 사십이면 인생 절반을 살았다는 게 정확하게 수치로 나타나고 있는 셈이다.

소위 '청춘', '청년'으로 불리는 시기는 막을 내렸다고 치자. 서글픈 일이지만 우리의 현실은 냉혹하다. 어떻게 하면 내 건강을 잘 유지해나갈 것인가에 집중을 해야 하는 시기임에도 불구하고 현실은 당장 눈앞의 일 아니면 꿈을 향한 도전과 성공에만 초점이 맞춰진다. 어떻게 해야 좋을까?

나이 사십이 넘었으니 꿈을 포기하고 몸 관리만 할 수는 없는 일이다. 적어도 40부터는 인생이 생방송과 같은 게 아니겠는가. 사전에 녹화를 하는 방송은 실수를 하게 되면 다시 촬영을 하거나 전문가의 편집으로 해결할 수 있고 출연자에게 문제가 생기면 다른 인물로 대체할 수 있는 기회가 있지만 실시간으로 전파를 타고 진행되는 생방송에서는 긴장의 연속으로 말 한마디 표정 하나하나마저도 실수는 용납되지 않는다. 사십 이후의 삶에서도 특히 건강은 그렇다. 매순간 자기가 어떻게 관리하느냐에 달려 있는 것이다.

중장년기라고 할지라도 질병의 접근을 철저히 차단하고 건강한 삶을 유지한다는 것은 그리 만만찮은 일이다. 수면, 음식 섭취, 운동, 마음관리 등등 어느 한 가지라도 소홀히 하면 우리의 몸은 즉각 반응한다. 우리의 인생은 생방송 중이기에 이 중 어느 한 가지라도 그냥 내버려두면 그 결과는 비만, 질병, 심리적 불안정 등의 신체 변화로 이어진다.

'40부터의 인생은 생방송'이라는 소리를 들으면 심적 부담이 밀려올 수 있다. 그렇다고 겁낼 일만도 아니다. 본인 건강은 각자 하기 나름. 내가 어떻게 지키고 가꾸는가에 달려 있으니까.

혼자서만 즐기지 않는 소통의 무대

일찌감치 아리스토텔레스가 남긴 '인간은 사회적 동물이다'라는 철학적 명언을 모르는 이가 없다. 기원전 시대에 그가 한 말은 2천 년이 훨씬 지난 지금도 우리의 삶에서 화두가 되고 있으니 역사적이고 세계적인 유명 철학자는 역시 다르다는 생각을 다시 하지 않을 수가 없다. 제아무리 능력이 출중한 사람일지라도 인간은 누구나 무인도에 홀로 고립된 사람처럼 혼자서는 살 수 없으며 집단 속에서 사회 속에서 인간관계를 끈으로 어우러져 살지 않을 수 없다는 메시지이기도 하다.

지금 우리 사회는 40~50여 년 전부터 지속 발전을 거듭해온 경제성장과 민주주의 의식 정착에 이어 또 하나의 큰 변화의 소용돌이 속에 있다. 초고령사회를 눈앞에 둔 노인문제와 1인 가구의 증가다.

2024년 9월 통계청이 밝표한 '장래가구 추계(2022~2052년)' 자료에 따르면 우리나라 전체 가구에서 1인 가구가 차지하는 비중은 2022년 34.1%에서 2032년 39.2%를 거쳐 2037년(40.1%) 처음으로 40%를 넘어설 것이라는 예측이다. 더 나아가 2052년엔 1인 가구 비중이 41.3%로 확대될 것으로 전망됐다.

특히 이같은 1인 가구의 증가는 고령인구를 중심으로 가파르게 늘어날 전망이다. 2022년에는 1인 가구 중 20대 비중이 18.7%로 가장 많았지만 2052년에는 1인 가구 중 80세 이상이 23.8%로 가장 큰 비중을 차지할 것으로 보인다.

2천 년대 들어 우리 사회의 이슈가 되고 있는 1인 가구의 증가는 비단 혼자 사는 당사자들만의 문제가 아니다. 1인 가구가 내 친구나 지인이 될 수도 있고 내 형제나 자식일 수도 있다. 우리 사회가 함께 고민하고 풀어가야 하는 과제인 것이다. 서울시 조사에서는 1인 가구 밀집지역에 거주하는 중장년 중 주말 저녁에 혼자 밥을 먹는 비율이 무려 93.2%로 나타났다고 한다. 밥이야 혼자 먹을 수 있다고 치자. 더 놀라운 사실 한 가지는 조사 지역 전체 중장년 1인 가구 세 명 중 한 명은 최근 3개월 내 연락을 하거나 만난 사람이 한 명도 없을 정도로 삶에서의 관계와 소통의 부재가 심각한 것으로 밝혀졌다. 이쯤 되면 그들의 사회적 고립을 걱정하지 않을 수 없는 상황이다.

일상의 삶에서 심리적 정서적으로 위축되면 그 여파는 사회 경제 분야로 확산되기 마련이다. 마음이 외롭고 아무도 내 편이 없다면 삶의 의욕은 점점 감소되고 우울증을 비롯한 정신건강의 악재들과 부딪히게 된다. 당연히 일에 대한 열정이 생겨날 리 만무하고 내일을 향한 꿈을 꾸는 삶과는 거리가 멀어져 갈 것이다. 더 심각한 것은 지금의 중장년층 1인 가구가 10년 후 20년 후엔 노인 인구로 편입된다는 사실이다. 앞으로 국가가 사회가 안고 가야 할 문제와 책임은 더욱 커질 것이라는 얘기다. 이에 따라 연구원측은 청년, 노년 1인 가구에 비해 정책적 지원이 부족하여 '지원 사각지대'에 놓였다는 평가와 중장년 1인 가구 특징과 필요한 지원책이 무엇인지 찾아야 한다는 방향성을 제시했다.

선진국이 된 우리 사회에서 흔히 소외계층, 취약계층 대상자인 이들에게 필요한 것은 의식주뿐만 아니다. 그 못지않게 소통이 중요하다. 이쯤에서 나는 생활체육이 품고 있는 힘을 우리 사회 전반에 스며들게 하는 것이야말로 관계를 통한 소통의 힘을 발휘하는 것이고 그것이 1인 가구의 당사자들의 삶에 지대한 영향력을 발휘할 거라는 믿음을 굳히지 않을 수 없다.

현재 국내에는 67개 종목의 생활체육이 254개 연합회와 3,785개 클럽 활동을 중심으로 펼쳐지고 있는 것으로 추산된다. 대다수의 생활체육은 지역사회 시민들 중심으로 클럽을 이루며 전개되고 있다. 생활스포츠 종목의 다수는 2인 이상 함께 해야 가능한 운동이다. 야구나 축구처럼 다수의 인원이 함께 팀을 이뤄야만 가능한 경기들도 있다. 일부 소수의 종목들은 혼자서도 즐길 수 있지만 지속성과 발전성을 생각한다면 혼자가 아닌 함께이어야 한다. 설령 수영이나 마라톤을 즐긴다 치더라도 누군가와 함께 해야만 그 효과는 배가 되고 정신적인 위안감과 동질감이 가져다주는 효과를 얻게 된다.

서울에 사는 지인 중 같은 지자체내에 거주하는 볼링 동호회에 회원으로 참여하는 이가 있다. 만날 때마다 그녀가 자랑처럼 늘어놓는 얘기의 단골메뉴는 동호회 사람들과의 관계에 일어나는 내용들이다. 그녀가 소개하는 동호회인들의 소식은 끝이 없다. 안부와 이야기를 듣다 보면 그들의 얼굴도 모르는 나까지 지인이 느끼는 애정과 친근함을 알 수 있다. 3년 동안 볼링을 쳤는데도 애버리지는 여전히 130을 넘기지 못해서 창피하기도 하지만 무엇보다도 자신의 삶에서 동호회 활동 자체는 천군만마를 얻은 것만큼이나 뿌듯하고 만족스러운 일이라고 자랑을 하곤 한다.

얼마 전 지방의 한 지자체(광역시)에서는 대한체육회

가 공모하는 생활체육 동호회리그 공모사업에서 5개구 10개 종목 지역 리그를 최종 선정해 총 8,500만 원의 사업비를 확보했다는 뉴스를 접했다. 5개구 17개 종목이 지원했고, 사업지침에 따라 공모 기준 적합성 여부와 선정위원회 평가를 통해 10개 지역리그가 선정됐는데 역대 리그 최대 규모이자 최고 금액이란다.

　이런 뉴스를 접할 때면 덩달아 기분이 좋아진다. 생활체육 동호회리그 사업은 종목별 자치구 지역리그 정착화를 통한 동호인 조직 활성화와 생활체육 참여 인구 증대를 목적으로 시행중이다. 사업비의 규모가 중요한 게 아니라 그들에게 지속가능한 생활스포츠의 힘을 실어줬다는 것이 고무적인 것이다. 특별히 그들과 인연이 있는 것도 아닌데도 불구하고 해당 지역 리그에 선정된 동호회원들의 기쁨이 충만되어 함께 웃고 활기차게 스포츠를 즐기는 모습이 내 상상속에서 파노라마처럼 펼쳐지기도 한다.

　10여 년 전에 국내에서 출간된 레이먼드 조의 저서 〈관계의 힘〉은 소통 부재로 일컬어지는 현 시대에 행복의 새로운 가치를 보여주는 책으로 소개되었다. 책의 부제인 '상처받지 않고 행복해지는'에서도 알 수 있듯이 행복의 보이지 않는 끈을 아름답게 가꾸는 일, 바로 '관계'에 대한 이야기다. 이 책에서는 우리 모두가 보이지 않는 끈으로 연결되어 있으며 그것이 바로 관계라는 사실을 전한다. 우리나라 의 각 지역사회 생활스포츠 동호회들이 해당 지역 이웃들의 건강지킴이 역할은 물론이고 고립됨 없는 소통의 장을 이끄는 가교역할이 될 거라는 확신을 갖게 된다.

친절은 사소한 것이 아니다. 그것은 우리가 함께 살아갈 수 있게 해주는 언어다.

– 마거릿 시어스

102세 철학자,
60세에 수영을 시작하다

몇 년 전부터 갑자기 그의 인터뷰 기사를 자주 보게 된다. 어느 날인가 아침 방송에도 출연하여 나이 듦에도 불구하고 건강한 인생의 비밀에 대해 자신의 얘기를 털어놓는 것도 봤다. 성인이 되어 사회생활을 시작하던 80년대 그 시절 서점에 가면 '한국의 지성'이라는 문구가 실린 그의 에세이를 만나곤 했다. 102세 철학자 김형석 연세대 명예교수다.

'백세시대'가 화두가 되면서 김 교수를 조명하는 매스컴의 주제도 달라졌다. 40~50년 전에는 주로 철학과 지성을 논할 때 그의 이름이 등장했지만 이제는 장수의 주인공이 된 유명인사로 초첨을 맞추고 있다. 어찌 보면 그럴 만도 하겠다. 1920년생이니 한국 나이로는 104세인데도 불구하고 칼럼을 쓰고, 방송 출연을 하고 초청강의도 소화한다. 그의 나이로 계산하자면 자식이나 조카 같은 연령대인 70, 80대 노인환자들이 요양병원에서 말년을 보내는 것과 비교하면 그야말로 황금빛 인생을 사는 주인공이다.

100세가 넘었는데도 중년 못지않게 신나는 노년의 삶을 살 수 있는 데는 건강을 지키려는 김 교수만의 노력의 몫이 컸을 터이다. 8시간 숙면을 취하고 아침 일찍 일어나 가벼운 체조를 하며 아침 식사는 우유에 호박죽, 달걀 반숙, 샐러드가 기본이란다. 과일은 사과를 주로 먹고 점심은 생선이나 고기 위주로 단백질 식사를 즐긴단다. 그리고 저녁은 점심보다 적게 먹는다고 하니 건강한 생활과 식단의 모범답안과도 같은 셈이다. 여기에 더 놀라운 사실 한 가지는 다름 아닌 운동이다.

김 교수는 60세가 가까워질 즈음 수영을 하기 시작

했다고 한다. 초기엔 거의 매일 즐기다시피 했는데 30 분 정도 수영하면 신체적 피로뿐 아니라 정신적인 피로까지 풀려서 수영에 자연스럽게 빠져들었다는 것이다. 100세가 되면서 체력에 부담을 느껴 주 3회에서 1회로 줄였다고 했다.

'나이는 숫자에 불과하다'는 말은 노년의 삶에 마치 에너지인양 누구나 덕담으로 주고받곤 하지만 실제로 백세가 넘어서도 자기 건강을 잘 관리하며 자기주도적인 삶을 사는 노년인구는 과연 몇이나 될까?

생활체육 중에서도 수영은 나름 인기종목에 속한다. 온몸을 다 움직여야 하는 전신운동인데다 유산소성 운동이다. 심폐지구력을 향상시키는 것은 물론이고 혈관과 혈액 순환기능을 증진시켜 폐나 기관지의 호흡 능력 향상 효과까지 가져다주므로 노년기에도 적극 권장되는 스포츠다. 무엇보다도 접근성도 용이하다. 도시인들이야 마음만 먹으면 차로 5분 10분 내 지역생활권에서도 얼마든지 찾아갈 수 있고 반드시 조나 짝을 이루지 않고 혼자서도 가능한 운동이다.

딱히 수영에 얽힌 개인적인 추억은 없다. 다만 내가 10대이던 시절은 더 말할 나위도 없고 20대 시절만 해도 취미나 레저 스포츠로 수영을 즐기는 사람들은 그리 많지 않았던 것으로 기억된다. 그만큼 생활스포츠 공간으로서의 수영장도 적었고 백화점 문화센터나 사설 수영장에 가서 회비 내고 수영을 즐길 수 있을 만큼 경제적 시간적 여건을 갖춘 이들도 많지 않았다. 시쳇말로 먹고살 만한 여유가 되는 사람들에게나 통하던 취미였다.

이제는 달라졌다. 지자체에서 운영 관리하는 수영장들이 늘어났고 하다못해 조금 괜찮은 리조트 숙박시설에는 풀장을 갖춘 룸이 인기를 끄는 시대가 됐다. 적어도 비용 부담 때문에 수영을 하지 못한다고 말하는 사람들은 드물 정도다. 대중 생활체육의 한 갈래로서 수영은 우리의 삶에 아주 가까워졌고, 시설의 유무나 접근성 또는 규모면에서 지역 편차는 있어도 보편적인 관점으로 봤을 때 마음만 먹으면 얼마든지 즐기고 누릴 수 있는 게 수영이다. 그럼에도 불구하고 수영을 즐기는 인구는 그리 많지 않은 편이라고 한다.

2023년 문화체육관광부가 조사한 국민생활체육조사에 따르면 60대의 수영 참여 비율은 4.2%로 나타났다. 30대 10.1%, 40대 9.3%, 20대 9.1%, 50대 8.4%, 10대 5.7%, 60대 4.2%이다. 생활스포츠를 본격적으로 즐겨야 하는 장년층 노년층이 2030 세대들에 비해 훨씬 적은 셈이다.

수영은 비만의 감소는 물론이고 신체 전반을 골고루 발달시키는데 그 효과가 탁월한 것으로 알려져 있어 나이를 막론하고 우리의 신체건강과 밀접한 관련을 갖는다. 게다가 다른 운동들에 비해 비교적 피로나 긴장감, 또는 지루함 등으로부터 벗어나 자유롭게 즐겁게 할 수 있는 스포츠다. 전문가들은 수영이 우리 신체에 도움을 주는 요인으로 우리 몸의 대근육군을 이용한 신체의 각 부위를 골고루 발달시킬 수 있는 전신운동일 뿐만 아니라 물리적인 효과를 가져다준다고 강조한다.

생활스포츠로서 수영이 최고라는 말은 결코 아니다. 다만 확실한 것 한 가지는 수영이든 다른 어떤 종목이든 접근성, 경제성, 난이도 등을 고려하여 생활스포츠 하나쯤은 스스로 선택하고 즐기는 것이 100세 시대를 향한 자기 준비인 것임에는 틀림이 없다.

수영은 생존을 위한 본능이자, 자유를 향한 본능이다.

– 마크 스피츠

'걷기 아니면 죽기'라는 작가친구

무료할 때면 스마트폰용 그룹 채팅 프로그램으로 국민 대화창이 돼 버린 SNS 채널을 들여다본다. 저마다 대표 사진과 글귀를 담은 초기화면만 봐도 상대의 마음과 현실을 읽는 듯한 기분이 들곤 한다.

쟁반처럼 잎을 넓게 펼친 연잎들이 무성한 사진 속에 '걷고 잊고 생각하고 그리고 쉬어가고'라는 삶의 자유를 품은 글귀가 눈에 들어온다. 동갑내기 친구다. 언젠가 통화했더니 틈만 나면 걷는다고 했었는데, 요즘도 걷기에 빠져 있나 보다.

아니나 다를까 내 예감은 적중했다. 봄이 완연해지던 어느 날 그는 근처에 온 김에 전화를 했다면서 사무실로 찾아와 차 한 잔을 마시며 대화를 나누고 갔다. 그는 짧은 대화 중에서도 걷기에 대한 예찬을 늘어놓았다.

그는 거의 매일이다시피 뒷산을 오르고 인근에 있는 하천 제방길을 걷는다고 했다. 가끔씩은 제주도에 가서 일주일씩 목적지도 없이 국도변을 걷고 해안도로를 걷다 오기도 한단다. 걷기코스로 사람들이 드문 곳을 더 선호한다는 그가 말하기를, 걷는 동안은 오로지 자신을 관조하면서 욕심도 걱정도 미움도 다 내려놓은 채 발길에 부딪히는 풀 한 포기, 눈앞에 나타나는 이름 모를 나무 한 그루 한 그루를 바라본다고 했다.

몇십 년째 글을 써오는 그 친구야말로 글 쓰는 내내 스트레스가 쌓이고 그로 인해 흡연도 하고 적잖게 술도 마시는 것 같다. 혼자서 자율적으로 쓰기를 반복해야 한다. 지식과 경험을 버무리고 거기에 창의력을 발휘해야 하는 만큼 여간 힘든 작업이 아닐 것이다. 그뿐 아니라 장시간 동안 의자에 앉아서 작업을 하다 보니 체중이 늘어나고 특히 복부비만이 부담스러워진 상황으로 치달으면서 한동안 식사나 음주 후 종종 심호흡에 이상 증세를 느끼곤 했단다. 더욱이 음주와 흡연으로부터 벗어나기 힘들다고 하는 사람으로서 체중으로 인한 건강 이상증세까지 왔다면 심각한 일이 아닐 수 없었을 것이다. 오죽하면 걷기 아니면 죽기밖에 없다는 절박한 심정으로 걷기운동에 돌입했다고 한다.

어쩌면 친구는 자신에게 가장 잘 어울리는 운동을 선택한 것인지도 모르겠다. 경쟁을 통한 승부욕이 생겨날 틈도 내어주지 않고 그 누구의 방해도 받지 않고 묵묵히 시간을 걷는 것이야말로 마음을 다 비우기 좋은 운동 중 하나일 것이다.

기구도 필요 없고 언제 어디서든지 마음만 먹으면 혼자서 가장 쉽게 할 수 있는 게 걷기라고 한다. 각자의 얘기를 들어보면 효과는 천차만별이지만, 걷기는 생활 스포츠 중에서도 수영과 함께 대표적인 유산소 운동이기 때문에 지속적으로 꾸준히 반복해 준다면 신체의 효율적인 산소 소비량의 증대를 가져오는 운동이다. 규칙적으로 지속하는 가운데 심혈관계의 활동이 좋아지면서 심폐지구력을 증가시키는 것은 물론이고 우리 몸속의 지방이 사라지면서 체중 조절에도 큰 효과를 얻을 수 있다. 구기종목처럼 몸을 빠르게 움직이고 과도하게 힘을 쓰지 않고서도 가능하기에 피로감 없이 장시간 할 수 있는 만큼 체중 감량에 도움이 되고 인체건강의 중요한 역할을 하는 폐 기능 향상도 가져온다. 어디 이뿐인가. 다리운동 중심의 전신운동으로서 무엇보다도 하체 근육이 발달해지는 만큼 운동을 하지 않으면 허벅지 근육에 이상이 생기는 중·장년층에게 가장 좋은 효과를 안겨주기도 한다.

걷기운동은 체력적인 건강만이 아니라 정신건강에도 긍정적인 영향력과 효과를 불러온다. 스트레스, 우울증 해소는 물론이고 치매 예방에도 도움을 주는 것으로 알려진다. 치매는 노년기에 소리 없이 찾아오는 질병으로 치료약 자체가 없는 만큼 나이가 들면 너나할 것 없이 절대로 치매는 나에게 나타나지 않길 간절히 소망하는 식이다. 걷기운동을 하면 뇌혈관에 영향을 주기 때문에 치매를 예방하는데도 도움이 될 수 있다고 하니 걷기는 그야말로 다양한 영양제가 뭉쳐진 보약 덩어리 그 자체가 아니겠는가.

벚꽃이 만개하던 봄날 점심 무렵, 볼 일이 있어서 버스를 타고 여의도 공원 앞을 지나고 있었다. 자켓을 벗어들고 열심히 걷는 남성들, 두 명, 세 명씩 무리를 지어 대화를 나누면서 걷는 여성들의 모습이 눈에 들어왔다. 다수가 직장인들처럼 보였다. 새순이 파릇파릇 돋아 오르고 꽃이 피기 시작한 4월의 분홍색 공원 풍경은 생기가 돌고 에너지가 번져 나오는 듯했다. 순간 나도 버스에서 내려 몇십 분 걸어보고 싶다는 욕구가 꿈틀댄다. 그날 오후 친구에게 전화를 걸었다.

"열심히 걷고 있는 거지?"

"그럼. 안 걸으면 원고도 안 써지는 걸."

"오! 좋네. 걷기 파이팅!"

98세 영국인, 대구에 온 이유?

　2017년 3월 20일 대구세계마스터즈 실내육상경기대회가 열린 멀리뛰기 경기장. 이곳에서는 95세 이상 멀리뛰기에 출전한 한 영국 노인이 여섯 차례에 걸쳐 도약판을 밟는 모습이 방송카메라와 기자들의 시선을 집중시켰다. 최고 기록은 1.25m였고 성적은 1등이다. 설령 1미터를 뛰었을지라도 그의 우승에는 이변이 없었을 것이다. 이 경기에 출전한 선수는 단 한 사람 '찰스 어그스터(Charles Eugster)' 씨. 바로 그였으니까.

　1919년 7월 영국 런던에서 출생한 찰스 씨의 대회 당시 나이는 98세였다. 그날 인터뷰를 하고 있던 그의 머리카락은 백발이면서도 짧았고 얼굴 군데군데 검버섯이 피어 있었지만 눈에는 생기로 가득 차 있었고 웃는 얼굴은 여유로워 보였다. '나이는 숫자에 불과하다(Age is just a number)'라는 책을 출간하기도 한 그는 95세 이상 60m 달리기와 멀리뛰기 2종목에 출전했다.

100세를 코앞에 둔 고령자가 자국에서 열린 경기도 아니고 10시간 이상 비행기를 타고 와야 하는 먼 나라까지 오는 것도 쉬운 일이 아니었겠지만 자신 외는 아무도 출전하지 않은 경기에 참여한 이유는 무얼까? 경쟁이나 기록을 신경쓰진 않으신 것 같다. 누가 봐도 특별한 도전이기도 하지만 그에게 생활스포츠는 어떤 의미였을지 궁금하기만 하다. 짐작컨대, 중요한 건 자신을 위해 즐기는 것 아니었을까. 궁금해서 찾아본 인터뷰에서 찰스 씨는 나이가 많아도 새로운 것에 도전하는 모습을 보여주고 싶었다고 했다.

또 자신이 생활스포츠에 임하면서 느낀 것은 긍정적 마음이 신체에 더 좋은 영향을 준다는 것이었으며 앞으로도 다른 육상대회에도 계속 참가할 생각임을 밝혔다. 치과의사, 출판업 등 여러 직업을 가졌던 그는 건강을 위해서는 나이가 들어도 일과 운동을 하고 좋은 음식을 먹어야 한다고 전했다.

2024년 7월 기준 우리나라 90~99세 인구는 317,221명이고, 100세 이상 인구는 8,688명이다. 역시 '100세 시대'라는 말이 현실이 되었음을 느끼게 한다. 한 조사 결과에 따르면 우리나라 고령자가 생각하는 장수의 비결은 절제된 식생활습관, 낙천적인 성격, 규칙적인 생활 순이었다. 노년기의 사람들이 가장 중시하는 식생활 못지않게 마음을 얼마나 긍정적으로 유지하느냐와 또 얼마나 꾸준히 내 몸을 움직이느냐가 장수에 큰 영향을 미친다는 것을 알 수 있다. 생활 속에서 자기 연령대에 맞게 육상 스포츠를 꾸준히 즐기는 찰스 씨가 건강한 것은 당연한 일인 것이다.

노년기로 접어든 많은 사람들이 하나같이 하는 말이 있다. 몇 살까지 살 수 있을까에 대한 소망이나 기대보다는 과연 무엇을 하면서 어떻게 나이 들어갈 것인가에 대한 고민이 크다고. 또 요양시설이나 병원에서 100세를 향해 가느니 차라리 그 이전에 어느 날 잠자리에 누워 고통 없이 소리 없이 하늘나라로 여행 가듯이 떠났으면 좋겠다는 것이다.

웰빙(Well-being)은 누구나 추구하고 맞이하고자 하는 보편적인 삶이 되고 있고 최근엔 노년기에 접어들면서 웰다잉(Well-dying)을 지향하는 이들이 늘고 있다. 죽음을 두려운 일이 아닌, 이 또한 삶의 일부분으로 받아들이면서 자신의 삶을 완성시키는 마무리로 이끌어가겠다는 쪽이다. 웰다잉을 위한 실천 중 한 가지가 생활 속의 운동이다. 여기에서의 운동은 근육을 키우기 위한 노력보다는 몸을 적당히 움직이고 사용함으로써 아프지 않고 고통받지 않는 일상을 누리다가 잠들고 싶다는 열망이 숨어 있다.

죽는다는 것은 우리의 모든 신체기능이 멈추는 것이다. 그 멈춤의 시간이 언제인지는 그 누구도 알 수 없는 일이다. 다만 우리 모두의 소망은 죽기 그 이전까지의 시간만큼은 누구에게든 짐이 되고 싶지 않고 내 의지대로 움직이고 말하고 시간을 즐기는 삶을 살기를 원할 따름이다. 우리가 자기만의 육상을 즐기는 찰스 씨에게 찬사를 보내는 이유 또한 그는 기록이나 경쟁이 아닌 내가 내 의지대로 세상의 한 사람으로서 오늘을 살아가고 있는 주인공이라는 점인 것이다.

잘 죽고 싶다면, 먼저 잘 살아야 한다.

— 세네카

은퇴 후는 이미 늦었다

"은퇴하면 할 거야."

인생 2막을 어떻게 준비할 것인가?에 대한 질문에 직장인들이 흔히 하는 대답이다. 청년세대는 해당하지 않는다. 주로 베이비부머 세대와 소위 신세대라고 불리던 지금의 40대 후반 60대 초반 연령대 직장인들이다.

"은퇴 후 무엇을 할 것인가?"
"맘 놓고 떠나는 자유여행은 언제 갈 것인가?"

"취미 생활로 무엇을 즐길 것인가?"

"하고 싶은 공부는 없는가?"

"늘어나는 주름살과 체중은 어찌할 것인가?

이런 질문에 십중팔구는 은퇴 후에 생각하고 그때 가서 도전할 것이란다. 이유는 여러가지다. 재직 중인 직장인은 직장에서 자신이 책임져야 할 일도 많고 또 설령 바쁘지 않더라도 정신적으로 감당해야 할 스트레스가 많은데다 현실에 충실해야만 현업에서 정년퇴직 전에 소위 잘리는 일이 없을 거라는 이유, 직접 사업을 이끌어가야 하는 자영업자나 개인사업주들은 지금보다 더 안정된 회사로 만들어놓은 후 자식이든 2인자에게든 물려주어야 하기에 그 이전에는 딴 생각할 겨를이 없단다. 또 어떤 이들은 자식들 결혼시키고 맘 편해지면 그때 가서 생각해 보겠단다.

모두가 처한 환경이나 입장은 다르다. 한편으로는 이해가 되기도 하고 또 일부는 맞는 말일 수도 있다. 하지만 인생 2막 관련 책을 펴낸 저자들이나 시니어인생 코

치들의 말을 종합해 보면 한두 가지를 제외하고는 은퇴 후가 아닌 은퇴 이전에 준비 또는 계획이 세워져 있어야 한다는 공통점을 갖는다. 은퇴 후에 한다는 말은 그때 가서 과연 도전할 수 있을 것인지도 미지수이거니와 설령 도전한다고 해도 때는 이미 늦기 때문이다.

60세 이후 노년의 삶을 위해 필요한 것들을 나열해 보자. 노후자금, 건강, 귀농 또는 귀촌, 취미, 여행, 공부, 자원봉사 활동, 친구 사귀기, 버킷리스트 실행으로 옮기기 등등.

'늦은 때란 없다'고 한다. 가장 늦었다고 생각할 때라도 시작하는 게 다행이라고들 말한다. 일부는 맞고 다수는 그렇지 않다. 적어도 공부라면 늦은 때가 없다는 말에 100% 찬성할 수 있다. 70세 80세에도 중고등학교에 입학하고 90대에 대학에 들어가는 이들도 있다. 젊은 시절에 비해 암기력과 집중력은 떨어질지라도 인내력과 투지는 더욱 강하다. 공부해서 돈 벌겠다는 것이 목적이 아니라면 그들의 선택은 박수를 받을 일이다. 취미생활도 마찬가지다. 목공, 미술, 서예, 글쓰기, 플

로리스트 등은 노년기에 직업이 아닌 취미로 즐기기에 좋은 활동이다.

그렇다면 이제 은퇴 후엔 이미 늦었다는 말을 듣는 노년활동들의 예를 들어보자. 귀농은 30대 40대에 해야 한다. 체력이 있을 때 땅을 파고 갈고 나무를 심고 10년 후는 지나야 안정된 농촌생활의 틀을 갖추게 된다. 중장년시절 열심히 일해 얻은 수익 중 일부를 저축해두지 않고 다 소진했거나 자식들에게 쏟아부은 후 60세 넘어서 노후자금을 마련한다는 것은 현실적으로 어려운 일이다. 내 돈 들여서 배낭 메고 해외여행을 즐긴다는 것도, 남아도는 시간을 활용하여 스포츠를 즐기는 것도 먼저 자신의 체력이 갖춰져야만 가능하다. 성인병을 포함해 신체 어느 일부분이라도 문제가 있다면 이 또한 현실성이 떨어진다.

2030 시절은 좌충우돌 속에서 자신의 인생 근육을 단련시키는 시기이기도 하다. 실패를 하더라도 다시 일어설 시간과 체력 그리고 용기와 열정이 있다. 흔히 은퇴 후의 삶으로 얘기하는 60대에 들어서면 우리는 저마다

스스로 마음속 포기리스트를 작성하게 된다. 한 달에 200만 원 벌기, 배낭 메고 3개월간 유럽여행 가기, 귀 농하여 과일농사 짓기, 마라톤 완주하기, 몸으로 실천 하는 봉사활동 하기 등등.

놀랍게도 남들이 작성하는 포기리스트가 포기해서 잊혀진 소망이 아니라 이미 현실이 되었거나 현실로 옮 길 수 있다는 사람들이 있다. 바로 4050 시절 이미 준 비한 시니어들이다. 60대에 사과 농사로 연간 6천만 원 의 소득을 올리는 농부, 마라톤, 행글라이더, 보디빌딩, 축구 등과 같은 스포츠를 취미활동으로 즐기는 시니어 들, 70대 초반이지만 은퇴 후 10년 넘게 회사를 강소기 업으로 키워가는 CEO, 환자들을 돌봐주는 20년 경력 의 베테랑 요양보호사, 3일만 일하고 4일은 여가활동을 즐기는 전문직업인, 기타나 색소폰 연주로 음악봉사활 동을 하는 연주자들이 그들이다.

은퇴와 동시에 몇 개월 뚝딱 새로 배우고 만들고 모 아서 노년 인생을 여가활동과 스포츠로 즐기며 사는 건 거의 불가능하다. 저들이 현실로 옮길 수 있었던 것은 중장년시절 현업활동을 하면서 미리 준비하고 배웠기에 가능했다. 밥도 뜸을 들이지 않으면 쌀이 설익는다. 우리의 인생도 마찬가지다. 내가 꿈꾼다고 해서 간절히 소망한다고 해서 하루아침에 되는 일은 없다. 감나무 아래 누워 있어도 홍시가 내 입으로 뚝 하고 저절로 떨어질 일은 극히 드물다. 시간과 실천하는 행동이 필요한 것이다.

은퇴는 일을 멈추는 것이 아니라, 하고 싶은 일을 시작하는 것이다.
— 하워드 헨드릭스

통장의 돈 못지않게 근육도 쌓아라

건강하고 행복한 노년 인생을 보내기 위한 준비로 무엇을 해야 할까? 금융전문가들은 연금을 얘기하고 초청 강사로 인기 있는 인문학자는 마음의 근육을 키워야 한다고 강조한다. 노인병원 의사는 신체의 근육을 키워야 한다고 말한다. 대체 누구 말이 맞는 걸까?

노년의 삶에서 이 세 가지 근육은 모두 필요한 게 맞다. 그러니 딱히 어느 한 사람의 말만 정답이라고 할 수는 없을 터이다. 다만 노년기 중요도의 우선을 가린다면 신체의 근육이 먼저가 아닐까 싶다. 몸의 근육량이 사라져서 걸을 수도 없다면 아무리 통장에 돈이 쌓여 있다고 한들 무슨 의미가 있을 것이고, 인간관계에서 내 마음 관리를 잘하면서 고독을 이겨내는 마음의 근육이 탄탄한들 어떻게 나가서 누굴 만나겠는가. 건강을 잃으면 그 어떤 것도 할 수 없다.

보디빌더들의 조각 같은 구릿빛 근육질 몸매를 보면 남녀노소를 불문하고 모두가 감탄한다. 그리고 부러워한다. 단지 보기에 멋있다는 느낌 때문만은 아니다. 활력이 넘쳐나는 건강한 육체를 보는 것 자체만으로도 마음의 동요를 일으키게 되는 것이다.

일반적으로 알려진 내용만 찾아보더라도 근육이 많으면 우리 몸의 혈액순환이 활발해지므로 고혈압, 동맥경화, 심근경색, 협심증 등 혈관질환 예방을 돕는단다. 그래서일까? 언제부터인가 '근육테크', '근육연금'이라는 말이 매스컴에 자주 등장한다. 정상적인 사회활동을 하는데 지장이 없고 나이 들어도 아픈 데 없이 맘껏 외부활동을 할 수 있는 건강한 몸을 유지하고자 하는 이들이 크게 늘고 있는 우리 사회의 트렌드가 반영되었을 터이다.

전문가들이 밝힌 의학통계 자료나 매체에 기고한 그들의 의견에 따르면 우리 몸의 근육은 30세를 기점으로 정점을 찍는다고 한다. 30대에 약 10년간 3~5%가 감소한 후 40대부터는 더 빨라져서 매년 1%씩 줄어든다. 심지어 운동을 하지 않고 몸을 방치할 경우 80세에는 인생 최대 근육량의 절반밖에 남지 않게 된다고 한다.

나이가 들수록 근육은 더 빨리 소실되는 게 확실하다. 그렇다면 중·장년 시기에 근육을 키워야만 근육 감소에 가속도가 붙는 노년기의 건강에 그나마 최선의 대비를 할 수 있는 셈이다. 어쩔 수 없이 노년기에는 근육량이 줄기 때문에 미리 근육의 총량을 늘려야 하는 것이다.

인간의 골격근은 약 700개로 구성되어 있으며, 남성의 경우 몸무게의 약 45%를, 여성의 경우 35%를 차지한다. 근육의 특징을 알면 우리의 건강과 성인병에 대한 이해도가 한결 빨라진다. 근육은 우리가 섭취하는 포도당의 약 3분의 2를 에너지원으로 사용한다. 근육이 줄면 포도당이 에너지원으로 덜 쓰여 체내에 쌓이게 되고 당뇨병 발병 위험을 높이는 직접적인 원인이 되고 심혈관질환을 일으키는 주범이 되기도 한다.

의사들은 뼈와 근육의 약화가 계속되고 기능이 떨어지면 작은 부주의도 큰 사고로 이어질 수 있어 주의가 필요하다고 말한다. 뼈 건강은 다른 신체 부위와 달리, 노화의 정도를 육안으로는 알 수 없다. 뼈의 노화 현상은 골다공증과 관련이 있어 노년기에 고관절, 손목 관절에 골절상을 입는 어르신들이 많아지는 이유라고 한다. 노년기가 되면 뼈의 밀도와 강도가 떨어지는 골다공증이 생겨나고 이로 인해 가볍게 부딪히거나 넘어지고 미끄러지는 사고가 건강악화에 치명적인 이유가 되기도 한다. 노년기에 흔히 나타나는 척추 협착증이나 전방 전위증 질환 또한 근육의 감소와 직결된다.

장년층 노년층 중엔 단백질보충제를 먹는 것으로 근육량 감소에 대처하는 이들도 적지 않다. 이는 근감소에 대한 근본적인 해결책은 되지 못하다는 게 의사들의 조언이다. 단백질보충제는 강도 높은 운동을 한 뒤 일반식을 통해 영양소를 섭취하지 못할 때 보충을 해주는 정도란다. 보충제에 의지하기보다는 평소 균형잡힌 식사를 하고 제대로 된 휴식을 취하는 것이 근육량을 늘리는 데 도움이 된다는 것이다.

40세 이후 근육의 자연감소가 진행되는 것을 철저하게 막을 방법은 없다. 그것은 인간의 삶이 생로병사로 이어지는 정해진 길을 거역할 수 없는 일이기도 하다. 다만 우리는 노년기에 비해 근육량이 많은 중·장년 때부터 미리 근육을 키우는 노력을 할 수 있으며 그것은 노년기 건강의 든든한 재산이 되는 셈이다.

혹자는 노년기에도 열심히 운동하면 된다는 논리를 고집하기도 한다. 아니다. 젊은 시기에 하는 운동보다 근육량을 늘리는 효과가 떨어진다. 근육량이나 근력 감소 현상을 조금 늦출 수는 있지만 근력을 강화하는 데는 한계가 따른다. 누구에게든 중장년층 시기에 규칙적인 운동과 건강관리를 통해 근육을 저축하는 것이 중요하다고 말할 수 있는 결정적인 이유다. 연금을 붓고 보험을 가입하고 부동산을 축적시켜 놓는 것만으로 노후

준비는 끝이라고 말할 수 없다는 얘기이기도 하다.

우리 몸의 근육 중 70%는 하체에 있다. 또 하체 근육 중 30%가 허벅지 근육이라고 하니 비근한 예로 날마다 열심히 걷기운동이라도 하자. 지금 당장 미루지 않고 뭐라도 한다면 우리의 근육 저축은 시작되고 있는 것이다.

근육은 노화를 늦추는 가장 강력한 자연 치료제다.

– 게리 워렌

내 인생은
내가 리셋한다

쉴 때는 주로 무엇을 합니까?

"취미로 보통 뭐하세요?"

사람들과의 관계가 가까워지면 이 질문이 빠지지 않는다. 우리나라에도 주5일제 근무가 정착되면서 이틀의 주말이라는 시간이 확보되고, 그로 인해 여가생활이 발전했기 때문이다. 여가란 일을 떠나서 휴식을 겸한 다양한 취미활동이 포함되는 시간으로 누구나 자기 마음대로 활용할 수 있는 자유로운 시간을 말한다. 그렇다면 한국인들은 여가를 어떻게 보낼까?

문화체육관광부에서 발표한 '2023 국민 여가 활동 조사'를 들여다보면 우리 국민들의 여가 활동의 경향을 살펴볼 수 있다. 당시 조사에서 한국인의 월평균 여가 시간은 평일 3.6시간, 휴일 5.5시간으로 나타났으며, 월평균 여가 비용은 20만 1,000원으로 조사됐다. 또 일과 여가생활 간의 비중을 조사한 결과 '일에 더 집중한다'는 36.8%, '일과 여가생활 간 균형이 잘 이루고 있다'는 37.3%였다. '여가에 더 집중한다'는 응답자 비율은 25.9%로 조사됐다. 여기서 행복 수준을 10점 만점으로 보았을 때, 여가에 집중하는 이들의 평균 행복 수준은 7.1점이었다. 일과 여가의 균형을 이루고 있다고 한 이들이 6.9점, 일에 더 집중하고 있다는 이들이 평균 6.6점 수준을 보였다는 점에서 보다 높은 추세를 보였다.

다만 이 조사에서 가장 눈여겨보아야 할 부분은 한국인의 여가 활동 1순위가 TV시청으로 나타났다는 사실이다. 3년이 넘게 지난 지금에서도 순위는 달라지지 않았다. 한국이미지커뮤니케이션연구원(CICI)은 한국인 204명, 외국인 175명 등 총 379명을 대상으로 '코로나

19 여파로 달라진 라이프스타일'을 조사했다.˙이 조사에서도 '집에서 주로 무엇을 하나'에 대한 질문에, 외국인은 독서를 가장 선호하는 것에 비해 한국인은 TV 시청을 가장 많이 선호했다고 한다.

대다수의 한국인이 TV 시청만을 선호한다는 것은, 바꿔 말하면 사회 전반적으로 여가를 즐기는 방법이 획일화돼 있다는 것으로 해석할 수 있다. 그러니 여가스포츠복지 분야의 발전과 성숙을 이끌고 고민해야 하는 한 사람으로서 나는 앞으로 한국인의 여가는 어떻게 변화해야 할까에 대한 생각을 하지 않을 수 없다.

이쯤에서 우리가 한 번쯤 살펴보아도 좋은 다큐멘터리를 소개하고 싶다. 한국국세교류재단이 아리랑TV와 공동 기획한 다큐멘터리 3부작 시리즈 '펀타스틱 코리아(Funtastic Korea)'는 매우 솔직하고 흥미롭게 우리의 모습을 보여준다. 이 다큐멘터리는 객관적인 시각에서의 평가와 심층분석을 제시한다.

'펀타스틱 코리아'는 한국인의 주된 여가 생활을 음악과 흥, 술과 음주 문화, 스포츠와 응원 문화 세 가지의 큰 테마로 분석했다. 1부에서는 전 세계인들의 환호를 사는 K팝과 함께 세계적인 한류 열풍의 비결을 짚어보았고, 그를 둘러싼 팬클럽 문화를 살펴보았다. 2부에서는 한국의 음주 문화를 주제로 한국인에게 술이 갖는 의미와 역사를 조명했다. 이어서 3부에서는 한국 스포츠 리그만의 차별점으로 자리 잡은 응원 문화의 탄생 비결 등이 소개됐다. 이 프로그램의 전체 내용을 하나로 집약하자면, 한국인만이 가진 '흥'이 있고 그 '흥'을 중심으로 우리의 여가생활이 자리하고 있음을 알려준다.

'흥'은 재미나 즐거움이 일어나는 감정으로 풀이되지만, 우리의 삶 속에 없어서는 안 될 아주 소중한 에너지이기도 하다. '흥'은 오늘을 긍정적으로 받아들이는 힘이자 미래를 불러오는 원동력이 된다. 그렇게 생각하면 인간의 삶에서 '흥'이란 이 얼마나 좋은 재산인가.

우리의 여가는 앞으로 '흥'과 함께 펼쳐질 필요성이 있다. 스포츠, 여행, 산책, 등산, 공연이나 전시 관람, 수면, 청소, 식물 가꾸기, 주말농장, 가족 방문, 외식, 술자리, 공부, 독서, 배우기, 요리, 게임 등등. 사람마다 다른 개성과 취향에 '흥'을 섞어서 다채로운 여가로 발전시키는 것이다. 그리하여 우리 사회가 여가에 몰두하고, 우리 사회가 더 행복해지는 즐거운 상상을 가져봐도 좋지 않을까.

휴식은 단순한 휴식이 아니다. 그것은 재창조의 과정이다.
– 아리스토텔레스

시간이 없다고?
쉴 틈이 없다고?

할 일이 너무 많다는 것을 자랑처럼 여기는 불특정 다수의 사람에게 묻고 싶다.

"당신은 아직도 시간이 없다는 말로 자신의 사회적 지위를 높이고 싶은가?"

30년, 40년 전에 비해 우리의 경제력은 성장했고 사회문화적 현실도 확연하게 바뀌었다. 확 달라진 세상의 변화에도 불구하고 과거 속에 갇혀 그 시절의 의식과 문화에서 벗어나지 못하는 것은 절대 아름답지 않은 착각에 빠져 있는 것과 같다.

어느 사설에서 유럽에서 온 한 청년이 한국에서는 '나는 지금 바빠'라고 하는 사람이 사회적으로 능력 있는 사람으로 인정받는 것 같다고 말했다. 굉장히 뼈 아픈 말이다. 우리는 그의 말이 틀렸다고 말할 수 있는가?

우리 사회는 아주 오랫동안 워커홀릭(workaholic)에 빠져 있었고, 아직도 적지 않은 사람들이 바쁜 삶을 추구한다. 젊었을 때 한 푼이라도 더 벌어 놓아야 노후가 보장되고 누구 앞에서도 소위 '꿀리지 않는 삶'을 살 수 있다는 식이다.

2023년 우리나라의 1인당 국민소득(GNI)은 3만 3,745달러로, 세계 28위에 해당한다. 이미 2020년 기준(31,881달러) 1인당 국민소득을 봐도 전 세계 27위이고 인구 천만 명 이상 국가 중에서는 세계 11위 수준에 올라섰으니 가히 놀랍기까지 한 눈부신 경제성장이다. 하지만 이런 성장을 이룩하고도 국민 중에는 여전히 한가하게 쉴 틈이 어디 있냐고 외치는 이들이 부지기수다.

우리는 이렇게 삶의 여유를 찾지 못하는 착각에서 벗어나 현 시대의 경향성을 살펴볼 필요성이 있다.

노무현 전 대통령이 서거 직전까지 손에서 놓지 않았다던, 미국의 경제학자이자 문명비평가로 잘 알려진 제레미 리프킨(Jeremy Rifkin)의 저서가 있다. 국내에서 번역 출간된 지 20년이 지난 '유러피안 드림(The European Dream)'이 바로 그것이다. 이 책은 20년이나 지난 지금에도 여전히 바쁜 한국인의 삶에 유효한 메시지를 던지고 있다. 제레미는 '기회', '평등', '경쟁', '자수성가', '돈'으로 상징되는 미국식 사회의 맹점을 꼬집고, 유럽이 노동시간을 줄이면서 부를 축적할 기회를 잃었다고 주장하는 이들의 불편한 행복론에 반기를 든다. 공동체의식과 삶의 질을 높여줄 수 있는 유러피언 드림의 시대가 왜 필요한지, 얼마나 가치가 있는지에 대한 답을 전한다. '일하기 위해 사는 미국인'과 '살기 위해 일하는 유럽인'의 삶에 대한 그의 비교 분석은 아메리칸 드림의 종말을 경고하며, 새로운 시대의 비전을 제시한다.

EU 회원국 근로자들은 근로 시간을 늘려 임금을 많

이 받는 것보다 여가를 많이 갖는 쪽을 택하고 있다. 프랑스는 일찌감치 지난 1999년부터 주 35시간 근무제를 시행하고 있다. 여기에는 돈을 쓰며 즐길 여가 시간도 없는데 돈을 많이 버는 게 무슨 소용이 있냐는 그들의 워라밸 사고가 깊이 숨어 있다.

최근 들어 국내 직장인들에게도 주4일 근무제가 새로운 이슈로 떠올랐다. 한 취업포털이 직장인들을 대상으로 설문조사를 진행한 결과를 보자. 직장인 10명 중 8명 이상이 주4일제를 원한다고 답한 것으로 나타났다. 실제로 한 화장품 제조 중소기업은 이미 지난 2010년 국내 최초로 주4일제를 도입했는데, 매출은 10년 연속 성장했고 직원 수도 두 배 이상 증가했다고 한다. 외국계 생활용품 전문업체는 주 4.5일 근무 제도를 도입했다. 'MZ(엠지)세대'로 불리는 1980~2000년대 출생 직장인들의 마인드를 적극적으로 수용하고 있는 기업들은 주4일제를 시행에 들어간 곳도 생겨나고 있다.

2030 젊은 세대들은 소유와 임대를 논하기 이전에 내가 생활하기 편한 집을 선호하고, 밤늦도록 일하면서

내 몸을 혹사시키기보다는 워라밸을 중시한다. 통장에 쌓이는 돈 못지않게 나만의 레포츠도 즐기고, 나만의 개성과 여유를 추구하는 삶을 실행으로 옮긴다.

워라밸은 더이상 늦출 수도 피할 수도 없는 현실이 됐다. 이제 직장인이 아니더라도 자신의 워라밸 인생을 디자인하고 실행으로 옮기는 것이 당연한 시대다. 기성세대들은 젊은 세대들의 이런 생활문화에 대한 사고를 긍정적으로 들여다볼 필요가 있다. 아니, 이제라도 그들이 추구하는 삶을 살아가는 방향을 벤치마킹해야 한다.

가정이 엉망이라면, 비즈니스에서의 성공도 진정한 성공이라 할 수 없다.
　　　　　　　　　　　　　　　　　　　　　　　　　　　　- 지그 지글러

생활스포츠의 꽃은 '긍정'

　사회 친구 중 한 사람이 1년 가까이 우울증에 빠져 있었다. 결혼을 일찍 했던 그녀는 30여 년 넘게 가정주부로만 살아왔다. 친구들 사이에서는 사업을 하는 사장님을 만나서 안정된 삶을 산다는, 부러움 섞인 소리로 오르내리던 그녀였다.

　3년 전만 해도 연년생 두 딸이 서른을 넘겼는데도 불구하고 결혼을 안 한다고 한 걱정을 하더니 두 딸은 마치 약속이나 한 듯 1년도 채 안 되는 간격으로 시집을 갔다. 두 딸을 출가시키면 자신은 그야말로 완벽한 해방이라고 입버릇처럼 말하곤 했지만, 실상은 그게 아니었다. 어쩌다 차 한 잔 마시자고 해도 어쩐 일인지 머리가 무겁고 만사가 귀찮아서 다음에 만나자고 했다.

다른 친구의 말에 의하면, 그녀는 남편과 단둘이 남게 되자 홀가분할 것만 같았던 마음이 되레 늘 우울증으로 바뀌었다고 했다. 남편은 아침에 나가면 저녁 9시는 넘어야 집에 들어오니, 종일 시간은 남아도는데 마땅히 할 일도 없어 무미건조한 자기 삶에 대해 스스로 묻기에 이른 것이다. '지금까지 무엇을 하며 살아왔는가?', '자신을 위해 한 게 없는 건지?' 등등 후회의 물음이 쌓였고, 지나온 시간이 온통 남편과 딸들을 위해 자기 한 몸 희생한 세월이었다는 식의 자기 상실감과 원망에 빠져들었다. 게다가 친구나 지인들도 자주 못 만나면서 올해 초에는 우울증이 심해져 병원에까지 갔다고 했다.

현대인들에게 노출된 다양한 질병 중에서도 우울증은 남녀노소를 불문하고 삶에 큰 장애를 일으키는 무서운 질병이 되고 있다. 국민건강보험공단이 발표한 '기분장애 질환의 건강보험 진료 현황'에 따르면 우울증이나 양극성 장애 등 기분장애 환자는 2020년 100만 명을 넘은 것으로 밝혀졌다. 최근 5년간 약 30.7% 증가하고, 연평균 6.9%로 증가한 수치다. 여러 사회적 요인으로 인한 스트레스가 쌓이면서 우울증 환자가 늘어났을 것이라는 평가다.

우울증이 무서운 것은 스스로 목숨을 버리는 자살로 이어지는 사례가 적지 않기 때문이다. 2020년 기준 우리나라 자살자 수는 1만 3,195명으로 OECD 회원국 중에서는 최고 수준이라는 불명예를 안고 있다. 특히 여성 자살률은 해마다 높아지고 있으며 우울증이나 조현병, 공황장애 같은 정신적 문제로 인한 자살 시도율이 증가하는 것으로 알려졌다.

그럼에도 불구하고 우리나라의 자살률은 줄어들기는커녕 되레 늘고 있어 심각한 문제가 아닐 수 없다. 복지부에 따르면 2024년 1월부터 5월까지 자살사망자 수는 총 6,375명으로, 전년도 같은 기간보다 10.1%나 증가했다고 한다. 참으로 안타까운 일이 아닐 수 없다.

계절이 바뀌면서 그녀가 확 바뀌었다. 놀랍게도 그녀를 변신시켜준 것은 다름 아닌 친한 후배가 적극적으로 권유한 스포츠댄스였다. 새롭게 시작한 스포츠댄스는 삶에 즐거움을 안겨주면서 안개 속에서 헤매는 듯했던 그녀의 정신건강을 해결해 준 것이다.

생활스포츠는 종류를 떠나서 우리의 건강에 크게는 체중 조절, 심장병과 암 발생 감소, 근골격 건강, 당뇨 및 대사질환 예방, 정신건강 등 다양한 효과를 선물한다. 실제로 우리 주변에는 취미삼아 규칙적으로 운동을 시작하면서 체중 감소, 혈당수치 정상화, 소화기능 원만, 스트레스 해소 등등 다양한 효과를 보았다는 이들이 한둘이 아니다.

운동은 정신건강을 비롯한 다양한 질병 예방효과뿐만이 아니라 심리적으로 긍정적인 효과를 불러온다. 그녀처럼 운동으로 우울증을 완전히 치료할 수는 없겠지만, 그간 밝혀진 다양한 연구 결과에 따르면 적어도 운동이 우울증 증상을 줄이거나 예방할 수 있다는 사실이 여러 차례에 걸쳐 확인됐다.

미국 정신의학저널(AJP)에 발표된 대규모 연구에 따르면, 매주 최소 1시간만이라도 운동을 포함하는 신체 활동을 하면 우울증 사례의 12%를 예방할 수 있는 것으로 나타났다. 운동을 정기적으로 꾸준히 할 경우 우리의 몸은 생물학적으로 뇌의 특정 화학물질을 증가시켜 주고 이로 인해 새로운 뇌세포를 만들어준다고 한다. 뇌세포 사이의 새로운 연결망을 형성하는 데 도움이 된다는 얘기다. 이외에도 심혈관 건강 및 대사 건강 개선과 같은 신체적 변화는 간접적으로 뇌 건강을 증진하는 것으로 알려진다.

'러너스 하이(runner's high)'라는 용어가 있다. 전문가들은 30분 이상 뛰었을 때 밀려오는 행복감을 '러너스 하이'라고 칭한다. 우리가 달릴 때 뇌에서 엔도르핀이 방출되기 때문에 뇌에서 분비되는 물질인 엔도르핀은 통증에 대한 인식을 감소시키고, 신체에서 긍정적인 느낌을 유발한다는 것이다. 좀 더 쉽게 말하면 달리기를 30분 동안 지속하면 다리와 팔이 가벼워지고 리듬감이 생기는데 이때 피로가 사라지면서 새로운 힘이 생기고 이

효과는 인체에 모르핀을 투약했을 때 나타나는 의식 상태나 행복감과 비슷하다는 것이다. 이뿐만이 아니다. 달리기를 비롯한 모든 운동은 심리적으로 성취감과 함께 자존감을 높여 주기도 한다. 이는 목표를 정하고 성공을 추구하는 사람들에게 매우 긍정적인 효과로 이어지기도 한다.

만일 지금 머릿속이 복잡하다거나 또는 삶의 에너지가 생겨나지 않는다면 운동을 시작해 보자. 운동신경이 뒤처져서 딱히 잘하는 운동도 없고, 좋아하는 운동이 없더라도 일단 걷는 것부터 시작해 보자. 그 자체만으로도 우리 생활 속에서 운동은 시작된 것이니까.

불가능한 일은 없다. 그 단어 자체가 "난 가능해(I'm possible)"라고 말하고 있으니까!

− 오드리 헵번

"난 아직 괜찮아"라는 그들

　어느 날 카페에 갔더니, 머리카락이 희끗한 60대 초반의 남자와 부하직원인 듯한 40대 중반의 남자가 마주앉아 커피를 마시고 있었다. 좁은 공간인데다 사람이 없어서 음악이 흘러나오는데도 두 사람의 대화는 내 귓속을 파고 들어왔다. 60대 초반의 남자는 회사의 전무였으며, 부하직원은 그 회사의 차장인 듯했다. 40대인 차장은 건강을 이유로 사직서를 제출했고, 전무가 그를 붙잡으려고 애쓰는 그런 대화였다.

　순간 얼마 전 지인이 들려주었던 조카 이야기가 녹음

된 듯이 내 머릿속에서 재생됐다. 지인의 조카는 이제 초등학교 4학년, 중학교 2학년 남매를 둔 가장인데, 젊은 나이에 갑자기 운명을 달리했다. 나이 마흔일곱인데 한밤중에 심장마비로 눈을 감았다고 했다. 마흔밖에 안 된 질부와 어린 두 아이들이 가엽고, 가장을 잃은 세 가족이서 앞날을 어떻게 헤쳐 나갈지도 걱정이 되지만, 무엇보다도 나이 오십도 안 되어 떠난 조카가 너무 불쌍해서 한동안 잠도 제대로 못 이뤘다고 했다. 그러면서 요즘 같은 백세시대에, 인생의 절반도 못 넘겼다고 했다. 신도시 아파트를 분양받기 위해 몇 년 전부터 몸도 사리지 않고 일을 했고, 조기퇴직을 하고 편의점을 운영하면서 그곳에서 살다시피 하면서 일하다가 결국 허무하게 떠나간 거라고. 지인은 원망스럽다는 듯이 그렇게 말했다. 참으로 안타까운 사연이 아닌가.

자식교육을 위해서, 안정적으로 지낼 수 있는 집 한 채를 위해 몸 사리지 않고 일하는 40대 가장의 모습은 우리 사회에서 흔히 볼 수 있는 중년의 모습이기도 하니 공감이 가면서도 씁쓸하기만 하다. 젊었을 때일수록 돈 못지않게 건강관리에 신경을 써야 하는데, 라는 안쓰러움만 더했다.

우리가 흔히 '중년'이라고 칭하는 40대. 노년기에 접어든 어른들로서는 과거 당신들이 살아온 세월을 되짚어보면서 그 나이에는 일이 힘들어도 한 푼이라도 더 벌기 위해 열정과 시간을 쏟아야 한다는 조언을 하기도 한다. 당시에는 청년기 중년기에 아끼고 모아서 집 한 채 마련할 수 있었고, 자식들 교육도 시켜놓을 수 있었고, 노후를 위한 저축이나 부동산도 확보할 수 있었으니 충분히 이해가 가는 조언이다. 실제로 요즘 시대에도 보통 자영업을 하거나 전문직 프리랜서로 일한다고 하면 소득의 정점을 찍는 시기가 사십대 중·후반 오십대 초반 즈음이니 그야말로 한창 일하고 돈을 벌어야 하는 시기가 40대인 셈이다.

주변의 40대들을 보자. 남자든 여자든 그들은 하나같이 나는 아직 괜찮다고 말한다. 건강도 일도 열정도 다 갖추고 있어 뜻하는 무언가를 이루고자 최선을 다하고 있으니 지켜봐달라는 얘기다. 자식이든 조카이든 이웃이든, 우리는 괜찮다고 말하는 그들의 등 뒤에 응원의 박수를 쳐줘야 하는 것은 당연한 것이다.

그러나 박수 쳐주기 전에 확인할 것이 있다. 열심히 일하는 것도 좋지만, 백세시대도 몸이 받쳐 줘야 하는 법. 주기적으로 몸을 쓰고 있는지, 과로하고 있지는 않은지 생활습관을 점검하자. 40대쯤 되어가면 슬슬 병원과 친해지는 시기이다. 나도 그렇고 지인들도 관리하고 있는 질환들이 생겼다. 현대의학의 힘으로 매일 약을 먹고 병원을 다니면서 건강을 유지하고 있지만 관리하는 것 자체가 번거롭다 보니 좀 더 일찍 건강에 신경 쓰고 생활습관을 바꿨으면 더 좋았을까 가끔 생각한다. 기본적으로 몸이 갖추어져 있지 않은 상태에서는 아무리 현대 기술들이 발달되어 있어도 무용하다. 유병장수가 아니라 무병장수를 위한다면 40대에도 건강관리를 시작해야 하지 않을까 싶다.

생로병사로 이어지는 우리 인생에서 중년의 시기는 돈 못지않게 건강도 잘 챙겨야만 하는 매우 중요한 시기이다. 성장은 이미 멈추었고 노화가 본격화된다. 자칫 일에만 집중하다 보면 자신도 모르는 사이에 뱃살이 늘어나고 근육은 줄어들고 신체 내부 곳곳에서는 크고 작은 문제들이 생겨나기 마련이다.

"일 못지않게 휴식도 잘 챙기시라. 어떤 운동이든 꾸준히 운동을 하시라. 그리고 '나는 아직 괜찮다'는 말보다는 이제부터는 건강을 1순위로 챙기겠다는 다짐을 하시라."

마흔은 누군가의 아들이 아닌, 자신의 인생을 살아야 할 때다.
– 법륜스님

보여주는 쇼 아닌 나를 위한 무대

- 90대 모델은 아무나 되는가

2017년 봄이었다. 서울 청계천 오간수교 수변무대에서 열린 시니어 모델 패션쇼 '시니어, 세상과 소통하다'에서 은발의 여성이 투피스 정장 차림으로 무대에서 꽂꽂한 자세로 멋지게 워킹을 하는 모습이 어느 신문사의 뉴스에 등장했다. 순간 건강하게 나이 들어가는 여성이라는 생각이 들었다. 동시에 나도 나이 70쯤 되면 저렇게 멋진 모습으로 살아야겠다는 다짐을 했다.

그것도 잠시였다. 몇 줄 아래로 읽어 내려가자 내 머리는 마치 뒤통수를 한 대 얻어맞은 듯 멍해졌다. 다름 아닌 그 모델의 나이가 국내 최고령 모델로 90세라는 게 아닌가. 평생을 연예인으로 살아온 사람도 아닌데 60대라고 해도 믿겨지지 않을 만큼 건강한 모습이었다.

우연의 일치였을까? 며칠 후 오후에 운전을 하며 라디오 방송을 듣고 있는데 마침 그 모델의 이야기가 흘러나왔다. 처세서 작가가 들려주는 그 어르신에 대한 얘기는 이러했다.

1927년생으로 2007년 80살의 나이로 모델에 입문했다고 한다. 뉴시니어라이프 시니어 모델 1기로 뽑혔고, 매주 하루는 회원들과 세 시간 동안 워킹과 차밍댄스 연습을 했단다. 꾸준히 자기 몸 관리를 해온 것이다. 그리고 자그마치 40여 년간 주 4회 정도는 지역사회 주민들과 함께 하는 아침체조 모임에 나가고, 하루에 우유 두 잔 마시는 것을 유지했다고 한다. 시니어 모델은 활동 자체를 즐기는 데 목적성이 강하기에 몸이 불편해지는 등의 이유로 도중에 그만둔다 해도 문제될 일은 없건만, 1년에 보통 5회 정도 무대 위에 서며 10년째 활동을 이어오고 있다고 한다.

70대에 한 달 동안 유럽 배낭여행을 했다거나 오토바이로 유라시아 횡단을 했다는 엑티브시니어들의 얘기는 종종 접했지만 90세에 모델 활동을 한다는 것은 국내는 물론이고 해외에서도 보기 드문 주인공이다. '정말 대단한 분이다'라는 감탄사가 저절로 흘러나오지 않을 수 없었다.

사실 60세만 넘어도 나이를 탓하며 그저 부러워만 할 뿐이지 시도조차 못하는 이들이 부지기수다. 그도 그럴 것이 60세 넘으면 우리의 신체에 노화현상이 두드러지니 몸을 움직이기가 힘들다. 몸에 좋다는 보조제를 먼저 챙기게 되고, 내 한 몸 잘 보살피면서 큰 병 없이 나이 들어가야 한다고들 말한다. 그러니 90대 모델의 철저한 자기 건강관리와 도전정신은 뉴스가 되고도 남을 일인 것이다. 그분이 했다는 말 중 인상적인 구절이 아직도 내 머릿속을 맴돈다.

"망설이지 마라. 행복을 느낄 수 있는 것을 찾아서 노력하고 즐겨라. 내가 행복하기 위해서 도전하는 것이다.”

　모델이라는 직업은 자신과 패션을 당당하게 보여줄 수 있는 런웨이의 주인공이 될 수 있는 그 자체가 매력적이다. 그러니 젊은 날에 한 번쯤은 모델이 되어보는 꿈을 꾸었을 이들이 한둘이 아닐 것이다. 다만 나이가 들면 마음속에 숨겨두었던 그것을 현실로 만들어낸다는 자체가 그리 쉬운 일이 아니다. 무엇보다도 꾸준한 자기관리와 하고자 하는 도전정신이 담보가 되지 않으면 감히 시도조차도 하기 힘든 직업이 아닌가.

　나 또한 90세의 모델 앞에서는 부러움이 생기는 것은 속일 수 없었다. 모델이라는 직업 자체를 부러워하는 것은 아니었다. 자신을 보여주기 위한 쇼가 아니라 스스로 행복을 느낄 수 있는 활동을 찾아 뛰어든 것이고, 그 활동 자체를 즐기는 것이 곧 자신의 행복이라고, 그렇게 말할 수 있는 그녀의 인생을 부러워할 수밖에 없었다.

　사람인데 더 잘하고 더 잘난 사람을 부러워하는 것은

어쩌면 당연한 심리가 아니겠는가. 다만 부러워만 하는 사람과 그 부러움을 자신의 것으로 만드는 사람에게는 차이가 있지 않을까 싶다. 그래서 나는 종종 나 자신에게 너도 하면 된다고, 똑같은 게 아니어도 좋다고, 네가 잘 할 수 있는 것과 네가 하고 싶은 것을 하면 된다고, 그렇게 말한다.

과거에도 그랬지만 하고 싶은 공부만큼은 꼭 해야만 직성이 풀리는 성격이다. 50대에 들어서 새롭게 공부하기 시작한 분야를 잠시 멈추었다가 몇 년 전부터 다시 이어가면서 지금은 박사과정을 공부 중이다. 80세에 새로운 도전을 감행한 모델의 열정에는 미치지 못하겠지만, 공부만이 아니라 내가 도전해야 할 버킷리스트는 여러 가지가 있으니 나의 열정도 쉽게 식진 않을 터이다.

삽화가 앨 허쉬펠드가 남겨준 메시지

나이가 들면서 사람들의 고민은 바뀐다. 20대 시절엔 꿈을 향해 열정을 불사르고자 노력하고, 30대엔 어떻게 경력을 쌓으며 안정된 직업을 얻을 수 있을까 고민하고, 40대엔 베테랑 소리를 들을 만큼 인정도 받기를 소망한다. 가정이 있다면 부양에 관심을 집중하지 않을 수가 없으며, 그들을 위해 무엇을 해야 할지 노심초사한다. 그러다 50대에 접어들어 삶이 안정되고 자식들도 청년으로 성장하면, 그때부터는 앞으로 남은 나의 인생에 무엇을 하며 어떻게 살 것인지에 대한 자기 고민에 빠져들게 된다.

50대에 들어서면서부터 친구들과 만나면 누구라고 할 것 없이 공감하는 말이 있다. 무엇을 하면서 남은 인생을 살 것인가? 세상과 마지막 작별을 할 때까지, 어떻게 하면 다른 이들에게 의존하지 않는 노년생활을 할 수 있을 것인가? 자칫 무거운 얘기 같지만, 이것은 우리의 현실이고 나의 오늘이다.

나에겐 학창 시절 미술을 전공하고 싶었지만 그 길을 가지 못해 후회가 된다는 친구가 있다. 그 친구는 부러움과 존경심을 담아 어느 화가의 삶을 나에게 들려주었고, 그 이야기는 내 마음속 한구석에 자리하게 됐다. 백살이 되는 것을 불과 5개월 남기고 떠난 전설적인 미국의 삽화가 '알 허쉬펠드(Al Hirschfeld)'가 그 이야기의 주인공이다.

"내게 관심이 있는 일이 없었더라면 나는 매우 지루했을 것이다"

'화선의 왕'이라는 별명까지 붙었던 그는 풍자 만화가로도 불렸는데, 무려 75년간 뉴욕타임스의 드라마, 뮤지컬 비평란의 캐리커처를 정기적으로 그렸을 정도다. 젊은 시절 10년은 뉴욕타임즈에서 근무했고, 프리랜서로 활동하는 내내 뮤지컬, 연극, 영화 관련 인사나 극중 장면을 스케치한 작품으로 큰 명성을 날렸다. 20세기에 뉴욕 브로드웨이에서 활동한 웬만한 배우나 연출가 중 그의 스케치 대상이 되지 않은 사람은 한 명도 없다고 했을 만큼 그의 활동과 영향력은 대단했다. 일생동안 그가 그린 삽화는 약 만여 개에 달한다고 했다.

그런데 놀라운 사실 한 가지는 그가 미술 관련 정규 교육을 받지 못하고 순전히 독학으로 삽화가의 인생을 일구었다는 것이다. 그는 오직 한 가지에 인생을 투자하는 장인정신의 주인공이자 학력 없이도 좋아하는 일에 빠지면 성공한다는 것을 잘 보여준 현대인 중 한 사람이다.

친구가 그의 얘기를 내게 들려줬던 이유는 아마도 자신 스스로에 대한 후회가 있었기 때문인 것 같다. 집안

은 어려웠고 두 남동생들도 어렸던 20대 그 시절, 친구
는 자신이 미대를 가지 못한 것은 순전히 가난 때문이
었다는 푸념을 하기도 했다. 하지만 허쉬펠드의 삶을
만난 후로는, 환경을 탓하기 이전에 적극적으로 좋아하
는 것을 위해 열정을 바치지 못했던 자신의 삶에 죄책
감이 들었던 것이다.

나 또한 친구가 들려준 허쉬펠드의 삶을 부럽게 여기
게 되었으니, 친구의 입장에 공감이 갈 수밖에 없었다.
내가 지금도 부럽게 여기는 것은 다름 아닌 허쉬펠드가
보여준 노년의 삶이다. 건강하게 살다가 99세에 생을
마친 것도 참 인상적이다. 하지만 무엇보다도 그는 매
일같이, 심지어 생을 마감하기 며칠 전까지도 오전 10
시부터 오후 5시까지 한 손에는 붓을 들고 또 다른 한
손에는 쿠키를 들고 작업을 했다고 한다. 자신이 좋아
하는 일을 80여 년 동안 지속하면서 여전히 즐기고 사
랑했던, 그야말로 행복한 인생을 산 것이다.

이제는 저마다 노년 인생 계획을 촘촘하게 세우는 중
장년들이 늘고 있다. 노년의 안정된 삶을 위해, 또 노

년기에도 취미이자 일처럼 자신만이 즐기며 할 수 있는 그 뭔가를 찾으러 나서는 것이다. 나 또한 마찬가지다. 나의 노년기는 어떻게 걸어가야 할 것인가에 대한 생각을 하곤 한다.

허쉬펠드의 이야기를 담은 다큐멘터리 영화 '화선(畵線)의 왕(The Line King)'은 1996년 아카데미 후보상에 올랐던 작품이다. 죽으면 모든 것이 끝난다고들 말한다. 하지만 적어도 자신이 살아온 삶이 훗날 책이나 영화로 재현된다면, 이 얼마나 멋진 인생이던가.

당신이 어떤 나이에 있든, 당신의 최고의 날은 아직 오지 않았다.
– 아그네스 드밀

인라인스케이트에 빠진 부사장님

　우리는 살아오면서 내가 보고 듣고 경험한 것을 토대로 각자의 잣대를 들이대곤 한다. 우리는 각자 다양한 이유로 모두 다른 경험을 하고, 자신의 경험을 잣대로 말을 하고 있다. 이렇게 본인의 세계관만을 생각하여 의사소통을 하다 보니 자칫 말 한마디 잘못하여 실수를 범하는 일들이 종종 벌어진다.

　과거에 몇 번 아찔한 실수를 벌이고 나서, 견문을 넓히고 상대를 이해해오기 위하여 부단히 노력해왔지만 나 또한 그러한 현실로부터 완전히 자유롭지 못하다는 것을 고백하지 않을 수 없다. 의식은 변했어도 오랜 세월 나를 길들인 경험들은 자신도 모르게 과거의 의식과 거기에서 비롯된 편견을 들춰내는 실수를 하곤 한다.

언젠가 실내 인테리어 전문회사로서는 규모가 제법 큰 회사의 부사장과 업무 관련 상담을 하는 자리가 있었다. 스타일이 젠틀하면서도 인상까지 부드러운 그는 말도 부드럽고 재미있게 이끌어가는 남자였다. 남녀노소 가리지 않고 누구에게든지 소통을 잘 이어갈 법한 그런 사람이었다. 처음 보는 상대일수록 비즈니스 대화를 딱딱하지 않고 편안하게 끌어가려면 일상의 이야깃거리들을 끌어오기 마련이다.

"부사장님은 나이에 비해 건강하시네요. 스포츠도 좋아하시겠는걸요?"

"어떻게 아셨어요. 제가 스포츠라고 하면 싫어하는 게 없을 정도죠."

"그러세요. 주로 어떤 운동 자주 하세요?"

"주 종목은 스키죠. 제가 청년 시절 스키강사 활동을

했거든요. 요즘도 좋아하지만 아무래도 계절적인 특성이 있다 보니, 최근에는 인라인스케이트를 자주 타는 편입니다."

"네? 인라인스케이트요?"

질문에 대한 답으로 전혀 예상하지 못한 운동이 대답으로 돌아와 나도 모르게 놀라서 되물었는데, 상대는 특별한 표정을 짓지 않고 자연스럽게 입장을 설명했다. 부사장님의 자녀들은 초등학생들이어서 주말이면 아이들과 함께 놀아주는 시간이 많은데, 그때마다 아이들은 롤러스케이트를 타고 자신은 인라인스케이트를 탄다고 했다. 인라인스케이트는 혼자서 야간에도 종종 즐기는데 몸도 가벼워지고 기분이 맑아지는 느낌이 좋단다.

그의 이야기를 듣고, 미팅이 끝난 후 돌아서서 나 자신을 책망했다. 듣고 보니 전혀 놀랄 일이 아닌 화목한 풍경이었는데, 거기서 나의 놀라움은 나이가 많은 부사장님이 젊은 사람들만 인라인을 타는 것이 이상하다고 생각했던 나만의 편견을 드러낸 것과 다름이 없었다.

또한 자신의 취미에 대해 대답해 주었던 부사장님에게 그 나이에도 인라인스케이트를 타느냐는 식으로 들렸을 무례한 대답이기도 했다.

20대 딸들이 셋이다 보니 그들의 사고나 문화를 적극 수용하려고 노력하는 편이다. 그럼에도 불구하고 MZ세대로 불리는 2030 세대의 패션, 음악, 사고, 문화 등에 대해 여전히 그들만의 문화라고 못을 박는 편견이 없지 않다. 그러니 60세에 인라인스케이트를 즐긴다는 그 부사장님의 레포츠활동에, 나도 모르게 '나이든 어른이 무슨 인라인스케이트?'라는 식의 실수를 범한 셈이다.

생활스포츠에는 수십여 가지가 있지만, 나이 성별에 제안을 두는 운동은 어느 한 가지도 없다. 어떤 종목이든 자신이 원하는 것으로, 잘하는 것으로 스포츠를 즐기면 그것으로 그만이다. 중요한 것은 어느 종류의 스포츠든, 그를 통해 정신건강, 신체건강을 얻고 여가를 온전히 자신에게 선물하는 일인 것이다.

그날 이후 그 부사장을 만난 적은 없다. 하지만 다음

에 다시 만나게 된다면 그때는 꼭 지난 무례를 사과하고, 진심을 전하여 만회하고 싶다.

"부사장님! 인라인스케이트라니 참 멋진 취미입니다. 나중에 손자 손녀들 생기면 함께 인라인스케이트를 즐길 수 있겠네요! 열심히 타시고 기회가 된다면 생활체육 대회에도 출전하시면 좋겠어요."

진정으로 행복하고 안전하게 살기 위해선, 두세 가지는 진지한 취미를 가져야 한다.

— 윈스턴 처칠

AI도 나를 책임지진 못한다

AI(인공지능)는 다양한 화제를 불러오면서 등장한 21세기 IT문명의 총아다. 2016년 3월 이세돌 9단과 AI 알파고(AlphaGo)가 바둑대결을 펼치면서 국내에서 이슈가 되었다. 그 이후 AI는 전자, 의료, 금융을 중심으로 확산되는 양상을 보였고, 어느새 최신형 장비나 제품에 인공지능의 기능이 빠지면 서운할 정도가 됐고, 심지어 AI와 대화를 할 정도로 AI는 우리 생활 속으로 파고들고 있다.

21세기 기술의 발전은 가히 환상적이라는 말이 저

절로 나온다. 자율주행 자동차가 등장하고 일명 '하늘을 나는 택시'로 불리는 도심항공교통(UAM：Urban air mobility)까지 상용화를 눈앞에 두고 그 중심에서 인공지능이 핵심적인 역량을 발휘한다. AI는 우리의 삶의 질을 높여주고, 특히 의료기술의 발전과 함께 장수를 위해서도 다양한 역할을 할 것이 분명하다.

우리의 의료 생활 속으로 깊숙이 파고든 인공지능 중에서도, 노인돌봄서비스로 등장한 AI 로봇은 특히 그 역할과 기능이 다양해졌다. 노인들의 운동, 식단, 복약 관리와 함께 응급상황 모니터링 기반의 생활안전과 건강관리 서비스를 제공한다. 최근엔 나이 들어서 자신도 모르게 다소 어눌해진 어르신들의 목소리까지 척척 알아듣는다. 문자나 전화가 오면 큰소리로 알려주기도 하며 자식들은 영상 통화를 통해 부모님의 상태를 모니터링 할 수 있다.

각 지자체들이 독거노인 돌봄의 수단으로 AI 로봇 보급에 뛰어들고 있다는 뉴스를 심심찮게 보게 된다. 의료 생활 도우미 역할을 척척 해내는 것은 물론이고, 상

냥하게 손자 손녀들이 말을 걸어오는 것과 같은 기능까지 해내고 있다. 무엇보다도 위급한 상황 발생 시엔 긴급 영상통화까지 가능하다고 하니, 이쯤 되면 향후엔 독거노인 가정만이 아니라 1인 가구를 비롯한 일반가정에서도 AI 로봇이 가족 구성원의 한 사람처럼 동거하는 시대가 현실이 될 것만 같다.

다만 우리의 건강한 삶과 인생을 AI에게 오롯이 맡길 수는 없을 것이다. 의학의 발전은 온갖 질병으로부터 보호와 치료를 통한 생명 연장의 꿈을 실현하고 있긴 하지만, 그것은 보완의 역할이지 근본적인 해결책은 아니라는 것을 거론하지 않을 수가 없다.

앞선 내용만 보면 완전한 테크놀로지 사회가 시작된 것 같지만, AI와 최신 기술로도 할 수 없는 일은 많다. 일례로 우리는 최근 '코로나19'라는 감염병 팬데믹을 겪었고, 각 사회계층들의 노력에도 불구하고 셀 수 없이 많은 이들이 세상과 등져야 했다. 감염병에 취약한 환자나 노인들만이 아니라 젊은층의 사망까지 지켜보면서, 인공지능을 뛰어넘는 테크놀로지가 등장한다고 할지라도 우리의 삶을 온전하게 지켜줄 수는 없다는 사실을 배웠다.

기술은 분명 편리하다. 그렇지만 그것이 전부는 아니다. 머지않아 우리는 이제 몸을 움직이거나 하지 않아도 어디로든 가게 될 수 있을 것이다. 그러나 꼼짝 안 하고 편리함을 즐기다가는 살이 찌고 근육이 퇴화한다. 우리는 스스로 몸을 움직여야 한다.

또한 우리는 모든 건강체크를 다른 이, 특히 AI에게 맡기게 될 수도 있을 것이다. 그러나 어느 상황에서도 남보다는 스스로의 몸을 잘 알아야 하지 않겠는가. 나는 편리함에 너무 길들여지면 사람이 뭉툭해진다고 생각한다.

이미 잘 알려진 사실이지만 건강한 사람들에게는 몇 가지 공통된 습관이 있다고 한다. 식이섬유와 잡곡을 활용한 식단, 스트레스를 줄여주는 웃음, 금연 이 세 가지는 필수이고, 여기에 꼭 따라붙는 것이 유산소와 근력 운동이다. 건강과 장수의 비결로 꼽히는 이 네 가지 핵심요소인 식단, 미소, 금연, 운동의 성격을 들여다보자. 이들의 공통분모는 뭘까? 돈도 권력도 학력도 아니다. 오직 한 가지, 나 자신의 의지에 달려 있다는 것이다.

시대는 바뀌었다. 더이상 공동체가 모든 것을 책임지지 않으며, 개인이 강조되고 있다. 그러니 이제는 각자의 삶은 스스로 알아서 설계하고 꾸며야 한다. 아무리 사람의 능력을 완벽하게 대체하는 인공지능 제품들이 등장한다 할지라도, 근본적인 선택과 실행의 주체는 변하지 않는다.

내가 추구하는 정신적 가치와 소중한 건강까지는 테크놀로지에 맡기지 말자. 내가 능동적으로 내 건강을 주도하는 그런 삶이야말로, 앞으로 펼쳐질 건강한 인생을 우리에게 활짝 열어주지 않겠는가.

워라밸,
삶의 질을 결정하는 바로미터

노세 노세 젊어서 놀아 / 늙어지면 못 노나니 / 화무는 십일홍이요 / 달도 차면 기우나니라 / 얼시구 절시구 차차차…

유년시절 시골에서는 어른들이 어깨춤을 덩실덩실 추면서 이 노래를 불렀다. 초등학생 소녀의 눈과 귀에는 가슴에 와 닿지 않았다. 차라리 라디오를 타고 흘러나오는 트로트 가수들의 목소리가 한결 듣기 좋았다. 가사의 의미도 제대로 알지 못하면서도 느낌은 그랬다.

80년대 20대가 되어 야유회나 여행을 떠난 관광지 주변에서 나이 지긋한 어르신들이 똑같은 노래를 부르며 춤을 추고 노는 모습을 보았을 때는 반감마저 생겼다. 통기타 가수들의 노래나 대학가요제에서 상을 받은 노래 등 7080 음악이 내 몸과 마음을 움직이던 시절이었으니, 뒤돌아서서 어르신들의 춤과 노래를 그저 '촌스러운 행동'쯤으로 터부시했다.

세월이 사람을 변하게 만드는 걸까? 무대 위에서 댄스경연을 벌이는 학생들이나 무대를 지배하면서 열창을 하는 가수들을 보면 나도 모르게 어깨가 살짝 들썩인다. 그러면서 바로 그 옛날 어른들이 외치던 '노세 노세 젊어서 놀아 / 늙어지면 못 노나니…'가 가슴 속으로 스며든다. 어릴 때에는 몰랐던, 그 노래가 갖는 가사의 의미를 이제서야 이해하기 시작했다. 노래에 '화무는 십일홍이요'라는 가사가 등장했던 이유를 알 수 있게 된 것 같았다. 영원한 붉은 꽃은 없다. 이 붉은 꽃처럼 우리는 차차 저물어갈 것이다. 나이 들면 놀고 싶어도 몸이 안 따라줘서 놀지 못한다는 말이, 남 얘기가 아니라는 것을 느끼기 시작한 것이다.

세 아이 육아와 뒷바라지를 하면서 늦깎이 공부를 하고, 지역사회 활동을 하느라 바쁘게 보내며 지나 온 시간들이 생각이 났다. 그 모두 가치있는 일들이었고 내 삶의 유의미한 일들이었지만, 좀 더 시간을 쪼개서 나에게 휴식과 노는 즐거움도 줄 걸 그랬다는 아쉬움도 남았다.

불과 10여 년도 채 되지 않은 것 같다. '워라밸'이라는 신조어가 등장한 것은. '일(Work)과 삶(Life)의 균형(Balance)'이라는 뜻으로 Work-Life Balance를 줄여서 하는 말이다. 사실 이 용어가 이미 50여 년 전인 1970년대 후반과 1980년대에 각각 영국과 미국에서 등장했다는 사실을 감안하면, 우리로서는 한참 뒤늦은 감이 없지 않다. 하지만 우리에게도 드디어 때가 온 것이라 생각하며 긍정적인 방향으로 받아들이면 된다. 지난 60여 년간 '한강의 기적'이라고 불릴 만큼 혁신과 발전을 거듭해온 한국 경제의 역사를 되돌아보면, 이제서라도 한숨 돌리며 일과 삶의 균형을 어떻게 맞춰갈 것인가에 대한 고민을 하는 것이 어찌 의미 있는 일이 아니겠는가.

'노세 노세 젊어서 놀아'는 1954년 대중가요로도 만들어진 노랫말이라고 한다. 이 노래의 주제어인 '노세'에 대해 혹자는 '노세'라는 말이 그냥 즐기고 놀자는 뜻만 있는 것은 아니라 '열정적으로 살자'거나 '현재의 삶을 의미 있게 살아야 한다'고 해석하기도 하고, 또 다른 누군가는 '잘 놀아보자'는 뜻을 내포하고 있다는 해석을 내놓기도 한다.

둘 중 어느 게 정답인가는 중요하지 않은 것 같다. 화려함을 자랑하던 붉은 꽃도 때가 되면 지는 것처럼, 우리의 오늘은 내일이 되면 어제가 된다. 영원한 것은 없지 않은가? 한 살이라도 더 젊은 시절 하고 싶은 것에 온 힘을 쏟아보고, 즐기고 싶은 것에 에너지를 발산시켜 보는 게 좋겠다는 의미로 받아들이면 될 것 같다.

올해 들어 새로운 책임을 맡아 협회 일을 시작했고, 하던 공부도 있어서 시간적으로 바쁘게 지내게 되었다. 하지만 나는 내 몸을 혹사시키면서까지 무언가에 몰두하는 일은 자제하겠노라고 다짐했다. 아무리 가치있고 의미 있는 일일지라도, 일과 휴식, 그리고 여가와 스포츠에도 적당한 시간을 배려할 터이다. 사단법인 한국여가스포츠복지진흥회 이사장을 맡고 있는 내가 정작 여가와 스포츠와 담쌓고 산다면 그것은 진실로부터의 왜곡된 삶이 될 수 있지 않겠는가.

생계를 꾸리는 데 너무 바빠서 인생을 사는 것을 잊지 마라.

– 돌리 파튼

35년 함께 운동을 즐기는
특별한 부부

　스포츠여가복지진흥회에서 일을 한다고 했더니 오랜만에 만난 친구가 들려준 특별한 부부의 얘기가 있다. 사촌언니 부부가 35년간 함께 생활스포츠를 보내는 방법이다.

　결혼한 지 올해로 40여 년이 된 이들은 둘째 아이가 기저귀를 뗄 무렵부터 새벽 운동을 시작했다. 5시 반에 일어나 무조건 한 시간은 함께 운동을 하기로 약속을 했다. 습관처럼 익숙해지기까지 몇 년간은 둘 다 힘들었다. 아내는 낮 동안 두 살 터울 사내아이들 육아에 시달렸고, 남편은 건설회사 과장으로 술자리가 잦았던 탓에 두 사람은 늘 잠이 부족했다. 하지만 두 사람은 새벽한 시간만이라도 함께 운동을 하는 시간을 갖고, 몸도마음도 서로 소통하는 시간이 중요하다는 것에 공감했기 때문에 포기하지 않았다.

처음에는 아이들이 어려서 집 근처 운동장에서 배드민턴을 즐겼고, 아이들이 초등학생이 된 후로는 수영을시작했다. 40대 때는 몇 년간 동호회에 가입해 주말마다 자전거를 즐기기도 했지만 30대 초반부터 시작했던수영만큼은 지금까지 멈춤 없이 지속해오고 있다. 비가오나 눈이 오나 날씨쯤은 방해 대상도 아니었고, 설령집안에 큰 행사가 있는 날일지라도 어김없이 부부는 수영으로 하루를 시작했다. 아주 특별하거나 사정이 있는날이 아니고서야 30년 넘게 매일같이 새벽에 일어나 수영장으로 향했다.

귀를 의심할 정도로 대단한 일이 아닐 수 없다. 부부가 가끔씩 모임에 참가하거나 여행을 가서 골프나 이색스포츠를 즐기는 이들은 적지 않다. 남편과 아내 각자가 헬스클럽을 다닌다든가 각자 좋아하는 운동을 하는 부부들은 많지만 같은 스포츠를 함께 같은 시간에 즐기는 것은 결코 쉽지 않다는 것에 누구나 다 고개를 끄덕일 것이다.

나 또한 직장생활을 하는 남편과 함께 딸 셋을 키우느라 부부가 함께 운동을 하고 싶었어도 못했다는 핑계를 나 자신에게 대면서 아무것도 하지 못했다. 30대부터 60대 중반까지 부부가 꾸준히 운동을 함께 해왔다고 하니 이 어찌 놀라운 일이 아니겠는가?

함께 하는 운동을 통해 부부가 얼마나 끈끈한 신뢰관계를 유지하고 있는지, 그들이 얼마나 건강하게 현재를 보내고 있는지 이야기를 나누며 마무리되었다.

친구와의 수다 자체의 재미도 있었지만, 마음속으로는 그 부부를 향한 감동과 존경심이 남았던 것이 사실이다.

심리학이나 신경정신과 분야 전문가들은 부부가 함께 여러 가지 일에 도전할수록 두 사람 간의 상호 신뢰가 쌓이고, 가정과 일, 그리고 대외적인 인간관계와 사회활동까지 긍정적인 영향을 미친다고 말한다. 그 부부처럼 생활 스포츠에 장기간 빠져들었다면, 건강은 기본이고 부부 간 애정과 신뢰 또한 두말할 나위도 없을 터이다. 일과 가족관계에도 당연히 긍정적인 영향을 미칠 수밖에 없을 것이다.

인도 속담에 이런 말이 있다.

'가정에서 마음이 평화로우면 어느 마을에 가서도 축제처럼 즐거운 일들을 발견한다.'

어떤 생활스포츠이든 온 가족이 함께 즐기면서 건강한 삶 속에서 행복을 키워가는 문화가 확산된다면, 그것이야말로 곧 진정한 행복 바이러스가 되어 우리 사회의 든든한 자산이 되지 않을까.

지금 나는 스포츠 여가 복지의 연관성과 중요성을 널리 알리고 육성시키는 일에 전념하고 있는 중이다. 그러니 기회가 된다면 생활스포츠 대상 수상식에 '부부팀' 신설을 추천하고 싶다는 생각을 저절로 갖게 된다. 경쟁으로서의 스포츠가 아니고 일상의 삶 속에서 즐기는 생활스포츠를 매개체로 삼아 소통과 애정으로 긴 세월

서로를 지켜온 부부라면 얼마든지 상을 줘도 아깝지 않을 것 같다.

운동은 재미있는 놀이처럼 느껴져야 한다. 아니면 무의식적으로 피하게 된다.

— 앨런 시크

국가만 믿고 의지할 건가?

　한국인은 어깨만 쑤셔도, 다리에 힘이 좀 빠져도 건강에 문제가 생겼다는 조바심에 일단 병원을 가는 게 다반사다. 이 얘기는 다시 말하면 중병 환자나 보험 혜택을 받지 못하는 치료가 아닌 이상, 병원 가는 데 부담을 갖지 않아도 된다는 것이다. 실제로 우리의 국민건강보험의 혜택은 놀라울 정도다. 오죽하면 '오바마 케어'를 추진한 버락 오바마 전 미국 대통령이 연설에서 공개적으로 한국의 건강보험제도를 극찬했겠는가?

　건강보험의 혜택 못지않게 의료기술 또한 세계적인

수준으로 올라섰다는 평가가 수시로 나오고 있다. 외국에서 치료가 불가능한 환자가 국내 대형종합병원에서 수술 치료를 통해 건강을 되찾았다는 뉴스가 종종 소개되곤 한다. 최근 들어서는 국내 정부기관이 ICT (Information & Communications Technology, 정보통신기술) 기반 의료시스템 해외진출 지원사업 성과 사례를 소개하기 위해 'ICT 기반 의료시스템 해외진출 지원사업 우수사례집'을 발간했다고도 한다. 이쯤 되고 보니 의료계에서는 '의료 한류' 열풍을 이어가야 한다는 목소리가 나오고 있다. 한국 의료가 새로운 도약을 이룰 기회라는 것이다.

건강보험과 한국의료기술의 우수성에 대해 공감하고 한국인의 한 사람이라는 사실이 자랑스럽기까지 한 게 사실이다. 다만 이렇게 탁월한 의료기술에도 인간의 수명엔 분명히 한계가 있고, 우리의 건강한 삶은 의학적인 치료 이전에 각자의 몫이 중요하다는 것을 거론하지 않을 수 없다.

우리의 건강은 아무리 의학이 발달한다고 해도 미지

의 영역에 있다. 평소 스스로 건강하다고 확신을 갖고 있던 사람도 건강검진을 통해 전혀 느낌조차 없었던 신체 내부의 이상을 알게 되기도 하고 어느 날 갑자기 찾아온 심혈관계 질환으로 젊은 나이에 세상과 작별하는 이들도 있다. 건강에 좋다는, 희귀하고 값비싼 약재를 구해 먹는다고 할지라도 평균 나이를 살지 못하고 떠난 이들도 있다. 평소 생활 속의 건강 유지에 스스로 노력을 기울이지 않는다면 그야말로 말짱 도루묵이다.

장수하는 이들의 삶을 들여다보면 답이 나온다. 장수하는 노인들 중에는 도시보다 농촌에 사는 어르신들이 의외로 많다. 골든타임을 외치며 도시의 삶에서 벗어나지 않으려는 현대인들이 잊고 사는 것이 무엇인지 알려주는 것이기도 하다.

세계적인 장수촌을 일컫는 '블루존(Blue Zone)'으로는 코스타리카 니코야반도와 그리스 아카리아섬, 이탈리아 사르디나, 일본 오키나와섬, 미국 캘리포니아주 로마린다 지역이 꼽힌다. 이곳들의 지역적 특징은 하나같이 대도시가 아니라는 것이다. 설령 도시라고 해도 인구수가 아주 적은, 대부분 한적한 곳이다. 무엇보다 공기 좋고 자연과 호흡하고 또 야채를 직접 키워 먹을 수 있는 환경으로 일상 자체가 가벼운 활동과 이웃들과 소통하는 문화다. 블루존 사람들의 공통적인 건강 비결 중 대표적인 게 식습관이고, 몸을 적절하게 움직이는 활동과 마을에 사는 이웃들과의 원만한 소통에 있다고 한다.

물도 웅덩이에 고여 있는 물은 썩고 벌레가 생긴다. 하물며 우리의 몸에 좋은 것만 지속적으로 투입시킨다고 해서 건강이 유지될 리 만무한 것이다. 아무리 잘된 건강보험시스템을 지닌 현실일지라도 내 몸은 내가 어떻게 사용하느냐에 따라서 그 결과도 결정된다. 무엇보다 중요한 것은 우리의 신체는 살아 숨쉬는 존재이기에 적당히 움직이는 활동이 필수라는 것이다. 누구나 블루존에 가서 살 수는 없는 일이다. 우리가 평소 몸과 마음에 활력을 불어넣으며 즐거움을 느낄 수 있는 생활스포츠 중 어느 한 가지라도 꾸준히 즐겨야 하는 이유다.

함께하는 순간이
가장 빛난다

잘 놀기, 그것이 곧 비움의 삶

"지금 때가 어느 때인데 한가하게 놀러 다녀."

이제는 가족이나 지인이나 친구들에게 이런 말을 하는 사람들은 없다. 만일 그렇게 말한다면 이방인 취급당하기 십상이다.

개미와 베짱이 동화를 현실에 대입시켜가며 부지런히 일해야 한다는 것을 강조하는 이들은 없다. 놀 수 있을 때 놀아야 하고 오늘 잘 놀아야 내일이 더 희망적이라고 말하는 시대다. 여행을 가거나 취미를 즐기는 데

시간을 쏟는 이들을 뒤에서 손가락질하면서 걱정과 비난의 소리를 동시에 내는 사회 분위기는 그야말로 먹고 살기에 급급했던 30년, 40년 전의 옛날 얘기가 됐다.

'잘 놀아야 일도 잘할 수 있다'
'잘 노는 사람이 일도 사랑도 열정적이다'
'잘 놀고 잘 즐겨야 일에 쏟을 다음 에너지도 충전된다'

책에서만이 아니라 일상의 대화에서도 빼놓지 않고 등장하는 마치 덕담처럼 자주 하는 말이다. 사회도 기업도 휴식과 여가를 중시하는 분위기가 확산되고 있는 중이다. 정부 또한 국민들에게 여행도 즐기고 휴식도 취하라고 수시로 지원 정책을 내놓고 부추기는 추세다. 그럼에도 불구하고 휴식이 있는 삶, 즐겁게 노는 일에 시간과 비용을 투자하는 문화가 유럽 수준으로 정착됐다고 보긴 어렵다. 이제 우리의 놀기, 즉 여가 즐기기는 이제 막 본격화되고 있는 듯한 분위기를 느끼게 된다.

프랑스어 '바캉스(vacances)'는 영어 버케이션(vacation)과 같은 말로, '휴가'라는 뜻이다. 하지만 '바캉스'를 다시 생각해 보면, '비워야 채울 수 있다, 그러니 여행을 떠나라!'는 메시지를 담고 있다. 이 단어는 라틴어 '바카티오(vacatio)'에서 유래했는데, 이는 '텅 비어 있다'는 뜻이다. 이처럼 우리는 쌓인 피로와 마음의 짐을 비워낼 때 비로소 새로운 에너지와 영감을 채울 수 있다는 의미로 해석할 수 있다.

얼마 전 딸이 친구와 전화 통화하는 내용에서 새로운 용어를 알게 됐다. 다름 아닌 '워케이션(worcation)'이다. 일(work)과 휴가(vacation)의 합성어로 회사가 아닌 휴가지에서 일도 하고 여가도 즐기는 근무 방식이다. 코로나19 때 재택근무와 함께 워케이션족(族)이 늘어났다. 컴퓨터만 있으면 시간과 공간에 구애받지 않고 전 세계 어디서든 일하는 시대이다 보니 직원 복리후생이나 색다른 기업문화를 추구하는 기업들이 선도적인 역할을 하고 있는 것 같다.

워케이션을 즐기는 방식이야 사람마다 제각각이지만

예를 들어보면 이런 것이다. 직장인들의 경우 제주도에 있는 펜션이나 호텔에서 근무시간을 자유롭게 디자인하여 사용할 수 있는 유연근무제를 바탕으로 7시간이든 9시간이든 일하는 시간을 채우면 되는 방식이다. 서울 외곽에서 여의도에 있는 본사로 출퇴근을 하는 경우를 예로 들어보자. 그는 제주 중산간지에 있는 아담한 호텔에서 3개월간 워케이션을 하기로 했다. 전날 시내에서 만난 대학 동기와 펍(Pub)에서 늦게까지 맥주를 즐긴 탓에 아침 8시가 돼서야 눈을 떴다. 컨디션이 좋지 않아서 일단 한 시간 동안 숲 산책을 즐긴 후 아침식사를 한다. 10시에 컴퓨터를 켜고 일을 시작한다. 5시까지 일을 한 후 이때부터는 다시 자유다. 여름이니 해가 길어서 팀원들과 함께 바닷가에 나가 서핑을 즐기기로 했다. 7시부터는 흙돼지 맛집을 찾아가 저녁을 먹을 예정이다.

이같은 식의 워케이션은 출퇴근에 소요되는 시간을 온전히 자신의 자유시간으로 활용할 수 있고, 일하는 곳 자체가 레포츠를 즐기거나 휴식을 취하기 좋은 곳이다 보니 굳이 주말을 기다렸다가 시간을 들여 교외로 바다로 나가야 하는 번거로움도 없어진다. 일과 여가가 하나로 잘 녹아든 그런 일상의 삶을 즐기는 셈이다.

일의 효율과 삶의 활력을 동시에 누릴 수 있어 뉴노멀 시대의 새로운 근무 방식이다. 재택근무가 길어지면서 기업들은 사무실을 축소하거나 거점 사무실을 마련하는 트렌드가 생겨났고 이에 따라 워케이션은 기업도 직원도 여러모로 장점이 있는 근무 방식으로 떠올랐다. 스타트업과 미혼인 2030 젊은 직장인들 중심으로 이 문화는 확산되고 있다.

워케이션을 즐기거나 휴가를 떠날 수 있다면 떠나면 된다. 하지만 우리가 처한 입장과 상황은 서로 다르다. 어디서 접했는지 딱히 기억은 나지 않지만 '혼자 잘 노는 능력이 노년기 삶의 질을 좌우한다'는 말이 인상적이다.

오래된 인연인 한 선배는 몇 년 전 교외의 전원주택으로 이사를 가더니 봄만 되면 정원에 꽃밭을 만들고 꽃과 채소를 섞어 키우고 겨울에는 거실에서 온갖 식물을 다 키운다. 키친가든(kirchen garden)에 쏙 빠져 있다. 가끔씩 그녀의 SNS를 찾아가 사진을 들여다보면 굳이 말하지 않아도 그녀만의 바캉스와 힐링을 즐기고 있다는 느낌을 받는다. 그렇다. 잘 놀면 된다. 각자 어떤 형태로든 방식으로든 비우고 다시 채울 수 있으면 되지 않겠는가.

삶의 대가들은 일과 놀이 사이에 뚜렷한 경계를 두지 않는다.
– 프랑수아 르네 드 샤토브리앙

함께, 같이 뛰어요!

"아주 오랜 옛날에 토끼와 거북이가 살고 있었어요. … 거북이는 토끼에게 달리기 경주를 제안하죠. 결과는 어떠했나요? 승자는 거북이였어요. 무던히 노력하는 자가 승리한다는 교훈입니다. 여기서 거북이는 장애인, 토끼는 비장애인이라고 가정해 봅시다…."

민선7기 지자체장 출신의 한 시장이 재임기간 중 펴낸 에세이집에서 '겸손한 토끼 착한 거북이'라는 제목으로 담은 글 중 한 대목이다.

저자는 이 글에서 이솝 우화에 나오는 〈토끼와 거북이〉 이야기를 통해 새로운 반전의 메시지를 전한다. 빠른 다리만 믿고 노력을 안한 토끼와 인내심을 갖고 꾸준히 땀을 흘린 거북이 둘을 놓고 볼 때 당연히 거북이를 칭찬해야 하는 게 지금까지의 우리에겐 당연했지만, 그는 거북이도 결코 잘 한 일은 아니라고 말한다.

경주 도중에 잠에 빠진 토끼를 본 거북이가 모른 척 그냥 지나쳐 승자가 될 일이 아니라 토끼를 깨워서 함께 걸어갔어야 했다는 것이다. 장애인과 비장애인이 서로를 함께할 동반자가 아닌 경쟁상대로 여기고, 상생할 방법을 찾기보다는 내가 더 잘 되는 길만 추구하는 건 바람직하지 않다는 것. 공감이 가는 글이었다.

최근 전국장애인차별철폐연대에서 지하철 시위를 시작하게 되어서인지 부정적으로든 긍정적으로든 장애인 관련 인권에 대한 논의가 펼쳐지고 있다. 신문에서도 인터넷에서도 다양한 의견을 가진 갑론을박이 이어진다. 다만 아쉬운 점은, 서로를 증오하는 목소리에도 마이크가 주어진다는 것이 왠지 고개를 갸우뚱하게 만

든다.

　세상은 혼자서만 살 수는 없다. 더불어 함께 살아가야 한다. 민족과 국경을 뛰어넘어 다 함께 잘 사는 세상을 만들어가는 것 그것은 우리 모두가 함께 풀어가야 하는 숙제나 다름없다. 우리는 서로의 손을 잡아주고 함께 걸어갈 때 아름다운 동행이 된다. 특히 장애인들의 삶에 벽이 없는 사회를 만들고 장애인들의 삶의 질을 높여 가는 일은 관련 단체만 나서야 할 일이 아니라 우리 모두의 책임이자 과제이기 때문이다. 그래도 이득을 말하는 이들이 있다. 그렇다면 그들이 투쟁을 통해 얻어낸 엘리베이터들과 저상버스를 기억하라. 가장 몸이 불편한 이들에게 세상이 맞춰졌을 때 우리 역시 편했다는 것을 이제는 알지 않은가?

　최근 들어서 골프의 대중화가 확산되고 있는 추세다. 젊은 층도 노년층도 직장인들도 쉽게 접근하여 즐기는 스포츠로 인기를 끌면서 골프는 더이상 고급 레저이거나 특권층만 누리는 종목이 아닌 게 현실이다. 물론 골프 인구 증가로 여전히 골프장 부킹이 어렵다는 말이 나오기도 하지만 대중 레포츠로 자리매김하고 있다.

대한장애인체육회, 골프존문화재단, 대한장애인골프협회가 함께 준비하여 열린 장애인골프대축제가 열린 적이 있다. 무엇보다도 민간 협력을 통해 개최된 최초의 장애인 생활체육 골프대회였다는 점과 지체장애, 뇌병변장애, 시각장애, 지적장애 등 장애 유형으로 나눠 진행됐다는 점이 가슴에 와 닿았다. 마음속으로 참 잘한 일이라고 갈채를 보냈다.

생활스포츠를 놓고 볼 때 장애인들이 쉽게 접근 가능한 종목이 늘어나야 하고 비장애인이 함께 할 수 있는 종목도 늘어나야 하며, 적극적인 참여를 위한 정부차원의 시설 확대는 물론이고 대회 또한 자주 열려야 한다는 생각을 해본다. '이 종목은 좀 힘들어', '대회가 가능할까?'라는 선입견이나 지레짐작은 금물이다. 시도도 해보지 않고 노력도 해보지 않고서 안 된다고 쐐기를 박는 것은 매우 위험한 일이다. 고민이 아닌 단정짓기는 더이상의 발전과 미래를 차단하는 일이기 때문이다.

장애인 체육활동 참여 효과는 미리 짐작이 가고도 남는 일이지만 실제 연구 결과를 보면 장애인의 체육활동이 우리 사회에 미치는 파급 효과가 매우 크다는 것을 알 수 있다. 대한장애인체육회가 2021년 실시한 '장애인 체육활동 참여의 의료비 절감 및 사회경제적 효과' 연구결과 1인당 약 21만 5,300원의 의료비 절감 효과가 있는 것으로 밝혀졌다. 또 장애인 체육활동 참여에 따른 생산성유발 효과, 취업유발 효과, 고용유발 효과, 부가가치유발 효과를 연구한 결과 총 1조 4,000억 원의 사회경제적 효과가 있는 것으로 나타났다.

군이 이런 사회경제적 효과를 운운하지 않더라도 체육활동은 같이 하는 사람들 간의 친밀감을 높이는 데 매우 탁월하다. 장애인 비장애인이라는 경계 허물기는 생활스포츠에서도 일상화되어야 하고 우리 모두가 함께 만들어가야 하지 않을까?

다리가 움직일 때 맘껏 써라

'다리 튼튼할 때 부지런히 움직여'

'다리 아프면 가고 싶어도 못 가니 다리 성할 때 가고 싶은 데 가야 해'

젊은 시절, 중년 시절 윗사람들을 만날 때마다 자주 듣는 얘기였다. 연세가 많은 분들일수록 이런 조언은 꼭 빠뜨리지 않았다. 그때는 사실 피부에 확 와 닿지 않았다. 다리가 건강해서 걷고 뛰고 움직이는 것은 얼마든지 할 수 있으니 아쉬운 건 시간과 돈이라는 생각이 앞섰던 까닭이다.

이제는 달라졌다. 50대에 접어들면서 이런저런 일로 한동안 운동을 하지 않으면 다리가 뻐근해지는 것을 느끼게 된다. 어디 이뿐인가. 여기저기서 들려오는 지인 친척 친구들의 소식에는 누가 무릎 때문에 절룩이며 걷는다든가, 누구는 무릎 연골 수술을 해야 한다는 말이 심심찮게 들려온다. 어쩌다 무릎 수술을 한 지인들을 만나면 수술 시 통증도 아주 심했지만 재활치료를 하느라 나름 고생도 하고 애도 많이 썼다는 푸념을 듣기도 했다. 그럴 때마다 긴장감이 몰려온다. 나 또한 나이 들어가고 있다는 사실과 그래서 이제부터는 건강관리를 만전을 기하지 않으면 안 된다는 사실을 알려주는 경고 메시지처럼 들린다.

장년 노년기에 접어들면서 흔하게 나타나는 질병 중 하나가 무릎관절염이다. 어느 통계에 따르면 전 세계 2억 5천만 명 이상이 앓고 있는 질병이 바로 무릎관절염이고 여성이 남성에 비해 2배 이상 많다고 한다. 특히 우리나라의 경우 남녀 환자 수의 격차가 더 커서 치료

가 필요한 중증 환자 비율은 여성이 남성에 비해 3~4
배 높다고 한다. 구체적인 숫자를 알게 되니 누가 무릎
이 아프거나 수술을 한다는 얘기가 어느 집 아들딸이
결혼한다거나 손주 봤다는 말보다 더 자주 들렸던 것
같은 게 착각이 아닌 모양이다.

예전에는 여성들의 흔한 무릎관절염 발생 원인이 흔
히 폐경이나 장시간 쪼그려 앉아 청소하고 일하느라 생
겼다는 말을 자주 듣곤 했다. 국내 의료진이 세계 최초
로 규명한 사실에 의하면, 이는 정확한 원인이 아니라
고 한다. 3차원 동작분석을 통해 분석했을 때, 여성은
상대적으로 골반이 넓지만 보간이 좁기 때문에 무릎이
안쪽으로 꺾이는 힘을 30% 더 받고 이런 현상이 누적
되면서 'O자 다리'로 진행되고 결국 관절염 빈도가 높
아지는 결과가 나온다는 것이다.

굳이 무릎관절염의 원인을 따지지 않더라도 여성이
남성에 비해 발병할 확률이 높다는 것은 나 또한 여성
의 한 사람이기에 서글퍼지는 일이다. 더욱이 예전에
어르신들이 다리 멀쩡할 때 가고 싶은 데 가야 한다던

말이 피부에 와 닿는다. 딱히 걷는 시간을 정하지 않더라도 한 걸음이라도 더 걸을 수 있는 방법을 택하고자 노력하곤 한다. 거주하는 도시 안에서 이루어지는 일들, 이를테면 시장에 가고 은행에 가고 관공서를 찾아가는 일은 특별한 경우가 아니라면 가능한 한 걸어서 이동하려고 하는 습관이 생겼다.

어느 칼럼의 제목이 인상적이면서도 지극히 현실적인 메시지를 전한다.

'걸을 수 있을 때부터 걸을 수 있을 때까지'

세상에 태어나 엄마 손을 잡고 걸음마를 배워 걷기 시작할 수 있을 때부터 기력이 다해 더이상 걸을 수 없는 날이 올 때까지 우리는 무던히 걷고 걸어야 한다. 걷는 자체가 전신운동이 되고 우리 각자에게 주어진 삶을 건강하게 유지하는 비결이다.

모임이나 단체의 SNS에는 수시로 저마다의 걷기 자랑이 올라오곤 한다. 만보를 걸었다는 사람, 동네 공원을 세 바퀴 돌았다는 사람, 몇 개월 동안 매일같이 한 시간을 걸었더니 몸이 가벼워지는 느낌에 기분이 저절로 좋아진다는 사람 등등. 보통사람들의 소소한 일상이고 건강한 삶에 대한 긍정과 자랑이다. 이런 자랑은 왠지 밉지가 않다. 아니 엄지 척을 해주곤 한다.

나에겐 두 명의 의사가 있다. 왼쪽 다리와 오른쪽 다이다.
– 조지 매컬리 트레벨리언

뭉치면 안 되는 게 없는 한국인들

일이 잘 풀리지 않을 때 종종 떠올리는 사자성어가 있다.

'井底之蛙(정저지와)'

나야말로 혹시 '우물 안의 개구리'는 아닌가 싶다. 20 대 초중반 시절엔 직장생활을 했지만, 결혼 후 육아를 하면서부터는 아이들 챙기는 일만으로도 바쁜 세 아이 의 엄마라는 입장 때문에 어린이집을 운영한 것 외에는 딱히 외부활동을 하지 못했다. 나름 지역사회에서 이런 저런 다양한 활동을 하는 것으로 청년, 중년의 시절을 보내기는 했어도, 결과적으로는 세상 살아가는 다양한 노하우나 지혜가 부족한 것은 아닌가 싶다. 그러다 보니 어느 한 순간 새로운 문제에 부딪힐 때마다 작은 테두리 안, 나만의 세계에 머물러 있었던 시간이 많아서 바다를 이야기할 수 없는 우물 안의 개구리처럼 한계가 있다는 생각을 갖곤 했던 게 사실이다.

행운이라면 이 또한 행운일까? 어려운 문제나 고민 앞에서 자책하는 시간은 있었지만 그것을 해결하기까지는 그리 오래 걸리지 않았다. 열쇠는 지인들이었다. 지역사회에서 활동을 하면서 만난 수많은 사람들은 늘 나에게 든든한 해결사이자 버팀목이 되어주곤 했다. 신기하다 싶을 정도로 전화 한 통으로 몇날 며칠을 고민하던 일들이 해결되곤 했다. '사람이 가장 큰 재산이다'는 말을 실감할 때가 많았고 지금 또한 그렇다.

몇 년 전의 일이다. 청소년들을 위한 직업진로 공동체 활동을 위해 사무실을 마련할 때였다. 돈 버는 일은 아니지만 지역사회 청소년들을 위한 일이고, 자발적으로 나선 만큼 일을 제대로 하기 위해서는 규모를 갖춘 사무실이 필요했다. 공간을 확보하는 것부터 사무 집기까지 오로지 나 스스로 해결해야 하다 보니 지출이 적지 않았다. 사무집기는 중고용품을 알아봐야겠다는 생각을 하고 있는데 전에 함께 청소년보호 활동을 하던 지인으로부터 연락이 왔다.

"사무실 마련한다고 하시더니 어떻게 잘 되고 있으신 가요?"

"임대 계약은 했으니 내일부터 이런 저런 준비를 하려고요. 일을 벌여놓고 나니 비용도 꽤 들어가고 나름 신경 쓸 게 많네요. 어쩌겠어요. 잘 되겠죠, 뭐."

"그럼요. 열정이 있으니까요."

응원의 전화 한 통만으로도 감사하고 힘이 됐다. 놀라운 일은 다음날 벌어졌다. 들여놓아야 할 집기들과 공간을 체크하기 위해 사무실에 나갔더니, 기다렸다는 듯이 그가 나타나더니 오후까지 책상이나 책장을 사지 말고 일단 하루만 기다리란다. 자신이 채워줄 것이 있으면 최대한 해보겠단다. 그 이튿날 그가 백만 원은 족히 들어갔을 만한 사무집기들을 보내온 게 아닌가. 과분한 도움에 감사함 못지않게 부담이 느껴지기도 했지만 그는 말했다.

"김 소장님도가 제가 힘들면 가만히 계실 거 아니잖아요?"

언젠가 외국계 기업을 다닌다는 고향 선배를 만난 적이 있다. 진급도 했으니 능력이 정말 대단하다고 덕담을 했더니 그가 하는 말은 자신의 능력이 뛰어나서가 아니라 한국인이라서 또 직원들이 잘해서 회사도 승승장구한다고 했다. 그 이유를 분석한다면 나름 인건비가 높은 편인데도 글로벌 외국계기업들이 한국 현지 생산 공장이나 사무소를 구축하는 이유 중 하나가 한국인이 그 어느 나라 직원들보다도 조직력 기반의 팀웍이 좋고 그로 인한 생산성을 최고로 쳐주기 때문이라고 했다. 아시아의 그 어느 국가 인재들보다도 두뇌가 우수하고 협동심 또한 남다르단다.

곰곰이 생각해 보니 그 말에 일리가 있다는 결론이 내려졌다. 한국인의 피 속에는 '함께 뭉쳐야 산다'는 DNA가 있기 때문이 아니겠는가 싶은 것이다. 그 이유로 우리의 두레 문화를 소환하지 않을 수가 없다. 이미 삼국시대부터 우리의 농경사회 공동체 문화 중 하나로 존재했던 두레는 조선 후기에 이르러서는 농업 생산 활동의 중심으로 자리잡은 것은 물론이고 농민문화의 성장을 의미하기도 했다. 오죽하면 그 시대 지배계급들은 두레 문화가 갖는 변혁적 힘을 두려워했고 그러한 나머지 전북 지역에서는 두레의 농기와 농악기가 민중들의 반란에 군용물로 이용될 수 있다는 이유로 몰수해 버린 일도 기록되어 있다.

우리는 사는 동안 수많은 다양한 사람을 만나고 소통하면서 살아간다. 그중에서도 지역사회에서 서로가 추구하는 공통점을 분모로 뭉치고 화합하는 다양한 사례를 만들어낸다. 생활체육이야말로 그 대표적인 줄기가 아닐까 싶다. 그들은 좋아하는 스포츠를 통해 만나고 팀을 이루며 어울리지만 단지 그들만의 목표점만을 중시하진 않는다. 지난 연말 접했던 뉴스 중 기억에 남는 사례가 있었다.

강원도 한 지역사회 축구단의 이웃돕기 성금 기탁 소식이다. 창단된 지 48년 된 그 축구단은 20대부터 60대까지 축구 동호인들이 단원으로 활동하고 있으며 생활체육공원이 조성된 후로 단원들이 활동을 활발히 하고 있단다. 코로나19로 실내체육활동보다는 야외체육활동에 제약이 덜한 상황에서 조기축구나 야간축구로 여가를 즐기고 건강과 화합도 다질 수 있었기에 그 감사한 마음에 회원들이 십시일반 뜻을 모아 성금을 전달한 것이다. 동절기 난방비 부족으로 힘든 저소득층에게 전달되었다는 이야기를 접하면서 덕분에 다시 한번 우리의 아름다운 공동체 문화를 확인하게 된다.

나노사회의 시대 집단의 가치를 캐다

미니멀 라이프(Minimal Life), 딩크(DINK)족, 화상회의, 메타버스(Metaverse), 가상인간(Virtual Human), 홈트.

사회 트렌드와 관련된 신조어를 만날 때마다 긴장감이 감돈다. 어떤 신선함보다는 위기의식이라고 할까. 물론 시간이 지나면 그 위기의식은 사라지고 그 신조어들이 우리의 일상의 삶속에 이미 녹아들어 아무렇지도 않은 듯 대화에서 글에서 사용하기도 한다.

신조어를 접하는 순간 젊은 세대들은 '오, 그 용어가

이런 뜻이었어'라고 하겠지만 장년층 노년층 세대들은 다르다. 들어도 무슨 뜻인지 도대체가 알 수가 없고, 어느 맥락에 쓰는 게 좋을지 감을 잡기 어렵다. 그러니 알아듣지도 못하는 신조어가 왜 그리도 많이 생겨나는지 이 또한 스트레스가 된다고 하소연하는 이들도 적지 않다.

어느 사회든 세대차이란 분명히 존재한다. 장년층인 나 또한 신조어를 맞이하는 그 순간이 그리 달갑지 않은 게 사실이다. 하나같이 영어나 합성어로 구성된 용어들이 많다 보니 왠지 친근함보다는 생소함을 뛰어넘어 두려움 같은 게 느껴지는데다 세상이 또 이렇게 변하고 있고 사람들이 이런 것을 추구하고 있다는 놀라움과 동시에 나 또한 그 신조어에 맞게 바뀌어야 한다는 부담감이 작용하는 것이리라.

언제부턴가 매년 서울대 소비트렌드분석센터는 10개의 키워드를 발표하고 공동집필한 책을 내놓는다. 앞글자를 따서 하나의 문장처럼 만들고 그것이 새해 우리 사회의 소비 트렌드이자 사회의 변화, 사람들의 의식변화로 이어질 것이라는 뉴스를 제공하기도 한다. 책 〈트렌드 코리아 2022〉가 바로 그것으로 2022년의 트렌드는 "TIGER OR CAT"으로 소개됐다. 이 중에서 첫 글자 'T'는 'Transition into a Nano society' 즉 나노사회로의 전환을 의미한다.

'나노사회(Nano society)'란 어찌 보면 참으로 무서운 말이기도 하다. 우리 사회가 서로 뭉쳐서 하나의 큰 덩어리를 이루는 공동체적인 유대를 이루지 못하고 10억 분의 1을 뜻하는 분수인 '나노' 단위로 제각각 분리된다는 얘기다. 책에 따르면 공동체는 개인으로, 개인은 더 미세한 존재로 분해되며 우리는 스스로 살아남아야 하는 환경에 처하게 되므로 이를테면 각자 도생의 무한 경쟁 체제로 내몰리게 된다는 논리다. 더 나아가 사람들은 경제적으로 심리적으로 양극화를 겪으면서 우리 사회 구성원 각자의 인간적 소통 또한 단절돼 가는 사회가 된다는 얘기로 해석된다. 새로운 트렌드를 이끄는 신조어의 등장에는 1인 가구 증가와 코로나19라는 나름의 배경과 MZ세대, 자본의 중요성 등이 관련 요인으로 영향을 미쳤을 터이다.

지난 몇 년간의 트렌드 코리아에 소개된 테마들이 늘 제각각 정통한 것만은 아니었지만 우리 사회의 변화 예측이라는 점에서 관심을 갖지 않을 수 없는 일이고, 또 마치 예고편처럼 현실로 맞아떨어지는 일들도 적지 않았다. 그러니 나노사회의 도래에 대한 우려 또한 무시할 수 없는 일이다. 내가, 내 자식들이, 우리 모두가 맞닥뜨릴 머지않은 미래의 이야기이며 그것은 이미 현재진행형일 수도 있으니까.

그런데 코로나19 이후 즐거운 뉴스를 접했다. 사회적 거리두기가 해제되면서 스포츠레저 트렌드도 달라지고 있다는 것이다. 유행에 민감한 MZ세대를 중심으로 언택트 스포츠 대신 야외에서, 여럿이 즐기는 단체 구기 스포츠 용품 수요가 급증하고 있다는 소식이었다. 혼자가 아닌 다함께 즐기는 구기 종목에 대한 관심과 참여가 다시 부활한다고 하니 그 이유와 효과를 따지기 이전에 일단 '함께'라는 의미에서 여간 반가운 게 아니다. 더욱이 나노사회로의 전환이라는 트렌드가 제시된 상황에서는 더더욱 그렇다.

　'인간은 사회적 동물이다'

　고대 그리스의 철학자 아리스토텔레스(Aristoteles)가 남긴 명언이다. 이미 2300여 년 전에 그가 한 말이 여전히 유효하다는 생각을 하면 참으로 놀랍기도 하고 명언 중의 명언이라는 생각을 갖게 한다. 우리의 삶은 개인을 둘러싼 인간관계, 즉 가족관계 속에 있고, 개인의 성장과 더불어 확대된 사회관계 속에 들어가지 않으면 안 된다. 이를테면 친구, 학교, 회사, 단체 등의 여러 사회집단과 관계를 맺고 살아간다. 인간은 사회를 떠나서 살 수 없다는 이 말이 앞으로도 수천 년 수만 년 동안 우리 인간의 삶 속에서 소중한 현실 언어가 되길 소망한다.

여가는 만족도 최상의 쉼표이어야 한다

옻칠공예 장인인 남편의 업무 보조를 자청하며 사는 지인의 휴가는 매주 토요일이란다. 주문 제작 날짜가 임박해 촌급을 다투는 일이거나 명절이 겹치지 않는 주말이면 어김없이 부부가 함께 전시장, 박물관, 갤러리를 찾아간다 했다. 최근 10여 년간 연중 휴가가 따로 없이 주말마다 전시 관람 투어를 다니는 것을 본인들은 취미이자 휴가로 여긴다는 것이다. 책상 위 달력에는 매 주말 갈 곳이 체크돼 있는데 그 횟수를 계산하면 자그마치 40여 회나 되니 한국에서는 1년에 40일 휴가를 보내는 부부를 찾기도 힘들 거라고 자랑했다. 지하철 타고 버스 타고 이동하여 보고 느끼고 나서 늦은 점심으로 외식을 즐기고 나면 이보다 더 여유 있고 흡족한 여가생활은 없다는 것이다.

만나 지 몇 년이 되었지만 뒤늦게서야 그 집 부부의 남다른 일상을 알게 된 것이다. 참 멋지게 주말을 보낸다는 사실에 감동을 하면서도 한편으로는 그간 고정관념에 사로잡혀 있던 나 자신에 대해 부끄러움이 밀려오는 시간이기도 했다. 장소를 정하고 몇 박 며칠 일정을 정해 여행을 다녀와야만 여름휴가를 즐겼다고 여기고 취미라고 하면 딱히 스포츠나 독서, 공예 등을 떠올렸던 나의 통념이 한순간 무너지는 일이었다.

70년대 후반 80년대 초반 중고등학교 시절을 거슬러 올라가면, 저절로 웃음이 나오는 추억이 소환된다. 새 학년이 시작되어 자기 소개를 할 때면 이름, 사는 곳, 장기나 특기, 취미 이 네 가지를 마치 기본 규칙처럼 읊어대던 분위기였다. 몇 학년 때였는지 정확하진 않지만 우리 반 아이들이 깔깔대며 웃었던 기억이 난다. 한 친구가 자기 소개를 했다.

"내 이름은 ○○○이고 ○○동에 살아. 특기는 요리인데 카레라이스 잘 만들고 취미는 미술전시 관람이야. 한 달에 한 번씩은 가족 모두가 같이 가고 있어."

취미가 수영이나 롤러스케이트 정도였다면 그렇게 크게 웃지 않았을 것이다. 요리가 특기라는 것도 색달랐지만 그리 넉넉하던 시절은 아니었으니 학생이 미술 전시회를 취미로 갖기에는 아무래도 거리감이 느껴졌던 것 같다. 여기저기서 아이들의 장난기와 질투심 어린 말들이 쏟아져 나왔었다.

세월이 40여 년 흐른 지금은 어떨까? 그 친구처럼 똑같은 특기와 취미를 말해도 그저 평범하게 받아들이고 누구 한 사람 웃거나 부러워할 일은 아닐 것이다. 미대 입시를 준비하는 학생들에게는 미술 전시 관람쯤이야 특별한 일도 아닐 것이다. 몇 년 전엔 화가가 꿈이라는 초등학생 자녀를 데리고 스페인의 '피카소 박물관'이나 네덜란드의 '반 고흐 박물관'을 다녀온 지인의 얘기도 직접 들었으니까.

아이들이 초등학교 다니던 시절 주말이면 남편은 세 아이 손을 잡고 광화문에 있는 대형서점을 자주 가곤 했다. 그럴 때마다 주중에 아이들 챙기느라 나름 지쳐 있던 나는 해방감을 느끼곤 했었다. 지금도 아이들은 그 시절 서점 투어를 통해 책과 가깝게 만들어준 아빠에 대해 고마움을 전하곤 한다. 그래서일까. 둘째 딸은 독서량이 유독 풍부하고 작문 실력도 남다르다. 내가 원고를 쓰면 꼭 보여주고 조언을 받을 정도이며 수시로 문학과 글쓰기 토론을 나누는 소중한 친구가 됐다.

이제는 상대가 어떻게 여가시간을 보내는지에 대해 궁금해하는 시대는 아니다. 당연히 무엇이든 한두 가지는 자기만의 여가 즐기기가 있을 거라 믿고 있고, 현실도 그렇기 때문이다. 경제적 수준에 편승해 시간적 여유도 취미도 다양해졌고 누구 눈치 같은 것을 볼 필요 없이 자유롭게 즐기는 시대가 아닌가.

그런데 놀랍게도 아직도 여가시간이 부족하다거나

딱히 즐기는 여가활동이 없는 이들이 적지 않다. 휴일에 한두 시간 낮잠을 자고 가족과 함께 외식을 하는 것 또한 여가를 즐기는 일 중 하나이긴 하다. 다만 낮잠을 자지 않으면 일주일간 쌓인 피로가 풀리지 않는 입장이라면, 외식을 하는 것 또한 배우자나 어린 자녀들의 희망사항을 억지로 맞춰주는 일이라면 그건 여가가 아닌 것이 분명하다. 여가는 '오늘 하루 참 잘 놀았네'라던가 '이런 시간이 일주일에 두세 번은 있었으면 좋겠다'는 말이 나올 만큼 그야말로 즐거운 쉼표이어야 하기 때문이다.

여가에 최하급 최상급이란 없다. 각자의 방식대로 즐기면 된다. 다만 즐거움, 힐링, 휴식, 활력 등이 함께 어우러진 것이라면 더욱 좋지 않을까?

우퍼를 아시나요?

여행! 듣기만 해도 기분 좋아지고 심장이 뛰는 소리가 빨라진 듯한 흥분을 느끼게 하는 언어다. 그동안 국내 지방 명소나 제주도로 몰렸던 여행객들의 발길이 해외로 향하면서 항공권이 두 배 이상으로 급증했다는 뉴스가 심심찮게 흘러나온다. 사회적 거리두기로 인한 비대면 문화가 지배적이던 때 가까이 해외여행을 할 수 없었던 여행 마니아들에게는 항공권의 가격이 문제가 되지 않는 분위기다.

한 여행 관련 신문의 설문조사에서는 '향후 1년 내 해외여행 의향이 있다'고 응답한 비율이 95%에 달했다고 한다. 인천공항공사의 2024년 국제선 이용객 수는 7,067만 명으로 세계 3위를 기록했고, 일평균 이용객 수는 20만여 명으로 전망됐다. 코로나19의 여파로 인해 해외여행의 트렌드는 자연 체험 여행과 패키지여행 선호 경향이 짙다고 한다. 10여 년 전부터 자유여행 증가로 옮겨지던 여행 추세가 그 이전의 경향으로 되돌아간 셈이다. 이제는 여행 시 안전을 우선으로 꼽는 심리가 작용하고 있기 때문이다.

주변에서도 해외여행 스케줄을 짜고 있다는 이들의 얘기가 심심찮게 들려온다. 50대, 60대가 되면 젊은 시절 열심히 일하며 살았기에 이제는 여유시간을 찾고 여행을 즐기고 싶다는 이들이 적지 않다. 실제로 최근 10여 년 사이에 해외여행을 즐기는 인구는 젊은 층 배낭여행족들만 아니라 장년층, 노년층 인구가 부쩍 늘어났다는 것을 누구나 다 알고 있다. 2020년 초 이전만 해도 봄엔 친구들과 함께 동남아 여행을 다녀오고 가을에는 딸들과 아니면 부부가 유럽여행을 간다는 이들이 부지기수였다. 나 또한 자주는 아니었을지라도 가족들 또는 모임에서 해외여행을 몇 차례 다녀왔다.

요즘 마음속 한구석에서는 '더 나이 들기 전에 여행을 자주 다녀야 하는데' 하는 갈망과 올해는 바쁘니까 다음으로 미루자는 생각이 교차한다. 맡고 있는 단체 관련 일들과 공부를 하는 것이 있어서 올해 안에는 해외여행이 힘들 수밖에 없다는 것을 자각하고 있기에 구체적인 계획을 잡을 수 없는 상황이다. 그럼에도 불구하고 올해가 아닌 내년일지라도 해외여행을 가게 된다면 좀 색다르게 여가를 즐기고 싶다는 생각을 한다. 그것은 이미 몇 년 전부터 생각해 온 이색여행 바로 '우퍼여행'을 떠나고 싶은 것이다.

'우퍼(wwoofer)'란 영어에서 생겨난 신조어로 국내에서는 일상화된 용어가 아니기에 다소 생소하게 들리는 이들도 적지 않을 터이다. 우퍼란 '유기농 농장에서 일을 돕는 사람'을 말하는데 좀 더 쉽게 풀어서 말하면 농촌의 농장에서 하루 네 시간, 한나절은 농장 일을 돕고 농장 측으로부터 숙식을 제공받으면서 나머지 시간은 자유롭게 주변 여행도 하고 힐링을 즐기는 사람을 말한다.

본래 우퍼는 비영리단체로 전 세계 150여 개 국가에서 15만 명이 넘는 사람들이 활동하고 있는 우프(WWOOF)라는 조직에서 생겨난 용어다.

우프(WWOOF)는 World Wide Opportunities on Organic Farms의 약자로, 유기농 농가에서 일을 도와주는 대신 숙식을 해결할 수 있는 제도 중 하나이다. 1971년 영국에서 시작돼 현재 오스트레일리아, 캐나다, 뉴질랜드, 미국, 일본 등으로 확산된 비영리단체다. 어느 나라에서든 이 프로그램에 참여해 농사일을 돕는 사람을 '우퍼' 그리고 이들이 노동한 대가로 숙식을 제공하는 농장 주인은 '호스트'라고 부른다. 코로나 팬데믹 이전의 경우 한 해 동안 전 세계에서 활동하는 호스트는 약 12,000곳, 우퍼는 15만 명 정도에 달한 것으로 알려져 있다. 각 나라에 대표부가 있는데 우리나라에도 '우프코리아'가 있으며 이곳에서 농장을 선발해 관리하고 교육하는데 3년 전 기준 국내 우프 농가는 70여 곳이 존재했다고 한다.

혹자는 젊은 층이 해외로 나가 일을 해서 돈도 벌면서 여행이나 공부도 겸하는 '워킹 홀리데이(workingholiday)'를 떠올릴 수도 있다. 우퍼활동은 워킹홀리데이처럼 우퍼가 호스트에게 돈을 받고 노동력을 제공하는 취업의 개념이 아니다. 우프는 유기농가와 자원봉사를 결합한 세계적 시민운동으로 무엇보다도 비화폐 교환이라는 가치를 중요하게 여긴다. 우퍼는 하루 반나절 일손 돕기 정도만 하고 호스트인 농장에서는 숙식을 제공하는 것을 원칙으로 철저하게 지킨다.

우퍼를 갈망하거나 실제 적극적으로 활동하는 이들 중엔 귀농 귀촌에 관심있는 이들도 적지 않다고 한다. 유기농산물 재배법도 익힐 수 있고 국경을 뛰어넘는 다채로운 농촌 체험이 된다. 게다가 교통비만으로 여행을 즐기고 싶어 하는 사람들로서는 큰돈 안 들이고 힐링 여행을 즐기는 좋은 방법이 되기 때문이다. 마음만 먹으면 국내만이 아니라 해외에 가서도 얼마든지 가능하니까 인기가 높아지고 있는 추세다. 우퍼들을 보면 과

거에는 젊은층이 많았는데 최근엔 40~60대 중장년층
이 많은 편이라고 한다.

나는 아직까지 한 번도 우퍼 경험을 한 적이 없다. 다
만 머지않은 날에 꼭 하겠다는 간절함이 있다. 그것은
아마도 내 유년시절을 도시와는 먼 농촌인 고향에서 10
여 년 이상 살았고 그곳에서의 경험과 추억이 여전히
내 몸속에서 살아 숨쉬기 때문이 아닐까 싶다. 고향땅
에 가까운 친척이라도 있다면 언제든지 찾아가서 우퍼
처럼 지낼 수도 있겠건만 장년층, 노년층이 되면 고향
은 그저 어린 시절의 정겨운 고향 모습으로 각인돼 있
을 뿐 현실은 다르다. 농촌인구의 감소로 마을마다 빈
집이 많아졌고 고향일지라도 모르는 낯선 얼굴들이 더
많아졌으니까.

우퍼여행을 갈망하는 내 속마음을 더 솔직히 털어놓
는다면 농촌체험은 물론이고 해외 각국의 문화체험과
힐링까지 챙기고 싶은 욕심 때문이다. 보고 먹고 즐기
고 오는 해외여행보다는 이제 뭔가 색다른 나만의 여행
을 즐기고 싶다. 더욱이 국내든 해외든 농장주인들, 즉

호스트들은 대부분 50대 이상의 장년층, 노년층이 많은 편이라고 하니 은퇴 전후의 시니어들에게는 비슷한 또래의 호스트들을 만나 살아가는 얘기도 나누고 나중에는 친구로 발전하기도 한다. 나를 우퍼여행에 빠져들게 하는 또 하나의 신선한 유혹이기도 하다.

농업의 궁극적인 목적은 작물을 기르는 것이 아니라, 인간을 기르는 것이다.

– 후쿠오카 마사노부

'골때녀'의 인기 공감 200%

　매주 요일과 시간에 맞춰 방송프로그램을 시청할 정
도로 TV를 즐겨볼 수 있는 입장도 아니거니와 드라마
나 예능보다는 다큐멘터리 프로그램을 좋아하는 편이
다. 하지만 어쩌다 이 프로그램을 보게 되면 신선함과
흥미, 그리고 진지함 때문에 몇십 분 동안 눈을 떼지 못
할 때가 몇 번이나 있었다. 어느새 몇 년 동안 지속되고
있는 한 방송사의 예능프로그램으로 유명인 여성들의
축구 리그를 매주 보여주는 〈골 때리는 그녀들〉이다.
　"축구! 우리도 할 수 있어!"라는 슬로건을 내걸고 국

가대표 출신의 운동선수, 개그우먼, 탤런트, 가수, 모델 등 이름 꽤나 알려진 여성들이 등장한다. 초기에는 4개 팀이었으나 시청자들의 인기를 업고 이제는 6개 팀, 10개 팀으로 불어났다. 이 프로그램을 즐겨보는 이들도 그러하겠지만 나 또한 이 프로그램이 좋은 이유가 있다. 단지 보여주기 위한 쇼가 아니고 축구에 진심인 그녀들의 면면을 볼 수 있어 '진정성 200%'라는 느낌을 받기 때문이다. 게다가 평소 자신들의 본래 직업 활동에서 보여준 모습과는 또 다른 축구에 대한 저마다의 열정과 재능이 돋보인다. 여기에 한 가지 더 매력을 찾는다면 내 어릴 적이 생각나서일까?

10대 학창시절은 물론이고 20대에도 여성이 축구를 한다는 것은 비현실적인 얘기로 통하던 시대를 지내야 했다. 농구, 배구, 핸드볼 등의 구기 종목에서 여자 선수들의 활약이 돋보였지만 운동선수가 아닌 일반 여성 입장에서는 축구가 마치 여성들은 범접할 수 없는 영역처럼 여겨지던 시절이었다. 운동을 좋아하는 나 역시 축구는 단 한 번도 해본 적이 없다. 관심 이전에 기회조

차 없었기 때문이다. 소위 '발야구'라는 게임은 해본 적이 있다. 경기 형식은 야구와 닮았는데 축구공보다 작은 공을 발로 차고 1루 2루 3루로 달리는 식이었다. 물론 이 또한 여학생 시절 몇 번이나 경험했을까 손가락으로 세어 봐야 할 정도다. 그러니 나에겐 선수가 아닌 여성들이 발 빠르게 공을 몰고 가서 슈팅을 하는 골때녀 출연진들의 장면 장면은 신선 그 자체인 셈이다. 그녀들의 인지도까지 덧붙여지니 새로운 세상을 보는 듯한 느낌과 흥미가 강하게 전해지는 것 같다.

우리나라 여자축구는 1990년 베이징 아시안게임을 앞두고 최초의 대표팀이 구성된 것으로 알려져 있다. 지금은 대학팀들도 여럿 되는데다 프로팀도 8개나 된다. 국가대표팀 역사가 30여 년이 넘다 보니 생활체육에서도 여성 축구회가 꾸준히 늘어난 것은 당연한 일이다. 여자축구 확산의 기폭제가 된 시기는 2002년 한일월드컵으로 이 시기를 기점으로 전국 지자체에서 100여 개 이상의 여성 축구단이 생긴 것으로 확인된다. 현재 대한축구협회에 등록된 여성 동호인축구팀만도 전국에 126개가 있으며, 서울의 경우 24개 자치구에서 여성 축구교실이나 여성 축구단이 운영되고 있는 중이다.

과거에 비해 여성들의 축구 참여와 관심이 다양한 연령과 계층으로 확산됐다는 점에서 갈채를 보낸다. 체력소모가 큰데다 부상의 위험도 큰 편이긴 하지만 우리 세 딸 중 누구 한 사람 축구를 취미로 즐기고 싶다고 하면 말릴 생각이 추호도 없다. 나는 못해 본 경험을 딸들이 하겠다는 것에서 묘한 보상심리가 작용한 것일 수도 있겠다.

축구를 좋아하는 열성 팬은 아니다. 축구에 대한 나의 지식수준은 국내에서는 '여성 축구' 하면 해외 프로축구단 이력까지 지닌 국가대표 지소연 선수가 가장 먼저 떠오르는 정도다. 워낙 유명한데다 스포츠에 대한 관심은 늘 내재해 있었으니까.

생활스포츠로서의 '여성 축구' 하면 언젠가 뉴스에서 본 인상적인 한 여성이 있다. 서울의 한 축구동호회에서 활동한다는 60대 초반의 한 여성이다. 30대 후반 나이에 축구를 시작했는데 어느새 20년 넘게 축구의 매력에 빠져서 건강도 유지하고 편식까지 고쳤다고 한다. 그리고 그녀가 인터뷰를 통해 밝힌 내용 중 가슴에 뜨겁게 와 닿는 말이 있었다. 혼자서 90분 풀타임을 뛰라고 한다면 그건 매우 어려운 일이지만 다수의 인원이 함께 하는 운동이기에 힘들어도 참을 수 있었단다. 그것이 바로 축구의 가장 큰 매력이었다고.

생활체육에 성별 제한은 이제 존재하지 않는다. 또 오랜 기간 동안 남성 전유물처럼 여겼던 종목이라고 해서 '어 여성이?'라는 편견의 잣대도 들이대서는 안 되는 시대다. 어떤 종목이든 그저 생활스포츠로서만 바라보는 시각이 당연한 시대이다. 그럼에도 불구하고 축구를 즐기는 여성들을 만나는 일은 그리 흔치 않은 일이다. 그러니 속으로는 은근히 '골때녀'의 인기가 여성 축구를 즐기는 인구 확산에 더 많은 힘이 되어주길 바랄 뿐이다.

재미있는 일, 의미 있는 일 그게 무얼까?

　예술가들 중엔 살아 있을 때는 빛을 보지 못하다가 사후에 작품으로 평가받고 유명인물로 남게 된 이들이 적지 않다. 19세기 폴란드의 서정시인 치프리안 노르비트(Cyprian Kamil Norwid)도 그중 한 사람이다. 그가 남긴 '쇼팽의 피아노', 산문 '검은 꽃과 흰 꽃(Czarne kwiaty i Biare kwiaty)' 등의 작품 중 직접 읽어본 적은 없다. 내가 그의 이름을 기억하는 것은 그가 강조한 '행복에 반드시 필요한 세 가지 일', 인생의 행복론이 인상 깊었기 때문이다. 그는 행복하게 살기 위해서는 먹고 사는 일,

재미있는 일, 의미 있는 일 이 세 가지를 꼽았다.

사람들은 흔히 노르비트의 '세 가지 일'을 거론하면서 이 세 가지가 하나로 잘 뭉쳐져서 조화를 이룬 삶이 바로 은퇴 후 인생 2막을 멋지고 즐겁고 건강하게 살아가는 지름길이라 말하곤 한다. 내 생각은 다르다. 그가 첫 번째 일로 제시한 먹고 사는 일은 사회에 발을 내딛고 노인이 될 때까지 경제활동을 위한 일로써 누구에게나 필수이지만, 두 번째로 제시한 자신이 가장 좋아하는 재미있는 일을 찾아 열정을 불사르는 것과 세 번째 의미 있는 일이 하나로 합쳐진다면 나이가 젊든 많든 모든 이들에게 이보다 더 멋진 인생은 없을 것 같다. 자본주의 시대를 사는 우리 현대인들은 그 누구도 돈으로부터 마냥 자유로울 수는 없다. 그러니 여가를 즐기는 삶의 가치관에서 볼 때 젊은 날 경제활동을 통해 노년기 준비를 잘 해놓은 후, 경제활동 중심이 아닌 노년생활을 추구한다면 재미있는 일과 의미 있는 일 두 가지가 하나로 뭉쳐지는 것이니 좋겠다는 생각을 한다.

지인 중 60대 중반인 한 여성은 50대 후반부터 여가

생활로 글쓰기를 시작하여 3년 전에는 '작가'라는 이름을 얻었다. 학창시절 문학 관련 도서에 심취해 있던 문학소녀였지만, 20대 초반 결혼 후 남매를 키우면서 문구점도 운영했었고 50대 들어서는 요양보호사로 활동을 했다. 규칙적으로 취미를 즐기는 여가생활이라고는 딱히 한 적이 없었고 남매가 성장한 후에는 자신이 좋아하는 일을 즐기겠다는 다짐을 하고 지자체 문화프로그램 중 글쓰기 교실에 들어갔다. 실제로 활동 중인 작가에게 6년간 한 달에 두세 편씩 꾸준히 작품을 써내면서 지도를 받았고, 그 결과 신인문학상까지 거머쥐게 됐다. 지금도 그녀는 여전히 지도교사에게 새로 쓴 글을 보여주면서 평가를 받는 등 교류를 이어가고 있다고 한다.

지난해 만났을 때 문학상 받은 것을 축하한다고 하며, 작가로서의 새로운 삶에 대해 묻자 그녀는 이런 말을 했다.

"글을 쓰다 보면 잘 안 될 때는 당연히 스트레스도 받고 글감을 찾으면서 고민도 해. 하지만 그건 돈을 벌기

위한 그런 고통은 아냐. 어떻게 보면 내 삶의 에너지를
다시 만들어내는 과정이라고 할까? 나한테 글쓰기는
남은 여생을 함께할 가장 즐거운 취미이자 일이야. 그
래서 행복해."

　그녀는 신인문학상 수상 때 받은 상금 전액을 지역사
회 불우한 이웃돕기에 써달라고 기부를 했고 가끔씩은
원고를 기고하여 얻은 원고료를 봉사단체에 기부하고
있다고 했다.
　자신이 가장 좋아하는 일을 하면서 열정도 불사르고
그 결과물로 얻은 수익을 나눔으로 활용한다는 것은 노
르비트가 말한 두 번째, 세 번째 일을 한 가지 일로 꽃
피우고 있는 셈이다. 노년기 먹고살 준비가 어느 정도
되어 있으니 가능한 일이다.
　문화, 예술, 스포츠, 교육 등의 분야 전문가들 중에는
젊은 날에는 다른 직업이었지만, 장년기 이후 노년의
삶은 자신의 재능을 더 깊이 있게 쌓고 재능기부 등을
통해 사회로 환원될 수 있는 방식을 지향하는 삶을 사

는 이들이 있다. 그들은 일이 곧 여가이고 그 여가를 즐기는 과정이 최대의 즐거움이자 행복이라고 말한다.

여가를 즐기는 것 그것이 반드시 누군가에게 선순환의 파급효과를 낳아야 할 필요는 없다. 하지만 이왕이면 다홍치마라 하지 않았던가. 아인슈타인은 '오직 남들을 위하여 산 인생만이 가치 있는 것이다'라고 말했지만 여가를 즐김에 있어서 내가 좋고 나에게 유익하면서도 또 다른 누군가에게 더 많은 이들에게 도움이 되고 행복을 줄 수 있는 것이라면 더 가치 있는 삶이 아니겠는가.

세상이 필요한 것이 무엇인지 묻지 마라. 당신을 살아 있게 만드는 것이 무엇인지 묻고 그것을 하라. 세상은 살아 있는 사람들을 필요로 한다.
– 하워드 서먼

혼자 떠난다고 혼자가 아니다

아이들이 성장하고 50대에 접어들면서 친구들과 만나면 빼놓지 않는 화두 중 하나가 여행 얘기다. 한 달에 얼마씩 1년 동안 모아서 다음 해에 여행을 가자고 제안하는 사람도 있고, 누군가는 결혼 30주년 기념으로 남편과 함께 동남아 휴양지로 여행을 가기로 했다는 말을, 또 다른 누구는 여름방학이 되면 대학생 딸과 유럽여행을 갈 작정이라는 등등.

사람은 누구나 각자 자신의 존재 이유와 삶에 대해 고민하고 생각하고 자유를 갈망한다. 더욱이 청년 시절, 중년 시절 여행이나 스포츠 같은 여가활동이 보편화되지 않았던 시대에 일과 가족을 위한 시간에 몰두하는 인생을 보낸 장년층, 노년층이라면 누구라고 할 것 없이 여행에 대한 로망을 갖고 있는 것이 당연한 일이다. 나 또한 단 열흘만이라도 나도 완벽한 자유를 즐기고 싶다는 마음은 매한가지일 것이다. 아니 단 며칠 만이라도 여행을 떠나고 싶을 것이다.

'여행'이란 언어를 떠올리니 몇 년 전 함께 지역사회활동을 했던 지인의 말이 기억에 남는다. 세 살 아래인 자신의 여동생은 본래 직업이 전업 작가는 아니지만 여행을 자주 하면서 경험한 일들과 만난 사람들의 얘기를 책으로 펴냈다고 했다. 그런 그녀의 특이한 점은 30대 후반부터 일 년에 두 번씩 어김없이 해외여행을 가는데 늘 혼자 떠난다는 거였다. 물론 자녀들이 초등학교 다닐 때는 가족들과 함께 여행을 하기도 했지만 그 외에는 어디든 늘 혼자 떠난다고 했다. 처음엔 제부인 여동생 남편도 불만과 우려를 수없이 토로했지만 '나 홀로 여행'을 추구하는 여동생의 고집을 꺾지는 못했다고 했다. 그러면서 그녀는 나에게 여동생이 쓴 책 한 권을 선물했다.

'여행작가'라는 부캐를 지닌 그녀의 여동생은 프리랜서 패턴디자이너다. 시즌별로 일정 기간 집중해서 일을 하다 보니 시간 조절은 가능하다고 한다. 그러나 2030 청년들처럼 배낭 메고 홀홀단신 외국 여행을 다닌다는 것이 지금의 장년층, 노년층에게는 그리 쉬운 일은 아니다. 무엇보다도 현지인들과 소통을 위한 언어 부담이 크고, 설령 언어가 되더라도 문화나 치안상태가 다 제각각인 세계 각지로 떠난다는 것은 자신감과 용기를 필요로 한다.

혼자서는 해외여행을 떠나지 못하겠다는 이들이 갖는 더 큰 공통점은 '혼자'라는 두 글자 자체가 아닌가 싶다. 기성세대일수록 "나는 밖에서 혼밥은 죽어도 못 해."라는 이들이 대다수이다. 밖에서 혼자 밥 먹는 것도 쉽지 않은데, 하물며 해외여행을 혼자 한다는 것은 생각도 못할 일이다. 그러다 보니 해외에 나가서 몇날 며칠을 혼자서 작고 먹고 돌아다니는 것을 선호하는 이들은 소수에 불과하다. 나 역시 마찬가지다. 돈을 벌기 위한 일의 과정으로서의 비즈니스 출장이 아닌 완전한 자유여행을 혼자 하라고 하면 충분히 그런 심리가 이해가 되고 자신이 없다.

책을 펴낸 그녀는 당시 나이 50세였다. 직접 만나 본 적은 없지만 책 내용만 봐도 '인생을 자기 주도적으로 멋지게 사는 여성'임에 틀림이 없었다. 그 책 머리말에 실린 문장이 기억에 남는다.

"… 20여 개국 80여 곳이 넘는 지역을 다녀왔다. 숱한 여행에서 지금까지 내게 남는 것이 있다면 그것은 바로 사람이고 또 사람 냄새다. … 나를 내 안에 가두어 놓는 것만큼 답답한 일은 없다. 가끔씩은 스스로를 넓은 세상과 자유를 향해 풀어주는 일 그것이야말로 자신에게 주는 멋진 선물이니까."

사람과 사람 냄새, 그리고 자신에게 주어진 자유를 실행해야 한다고 강조한 그 책 내용을 들여다보면 실제로 주인공인 그녀는 터키에서 처음 만난 외국 친구들과의 대화와 식사, 프랑크푸르투에서 만난 민박집 주인과의 이야기, 스페인 벼룩시장에서 돈을 더 받은 상인과의 말다툼 등등 여행 내내 그녀는 혼자가 아닌 '함께'였다. 특별히 약속하지 않은 사람들과의 우연한 만남을 통해 세상 살아가는 이야기를 나누고 문화를 배우고 사람을 이해하는 그런 과정의 연속이 글로 살아 꿈틀거린다.

그렇다. 가족과 함께, 친구들과 함께 떠나는 여행도 좋다. 하지만 '여행'이라는 두 글자는 단지 함께 떠나서 새로운 것들을 보고 먹고 쉬는 것만 내포하지 않는다는 사실이다. 나는 그녀를 통해서 새로운 사실을 알게 되었고 그것은 언제가 나의 현실로도 만들어야겠다는 충동을 일으키기에 충분했다.

현지에서 사람들과의 만남 또한 아주 특별한 추억이자 살며 사랑하고 배우는 일의 연속이 아닐까 싶은 것이다. 어느 나라의 후미진 낯선 골목을 혼자 거닐면서 느끼는 위기감이나 두려움 이면에는 단체여행에서는 얻기 힘든 설렘임과 호기심 그리고 다양한 사람들과의 만남이 숨어 있을 테니까.

이 세상에 낯선 이는 없다. 아직 만나지 않은 친구들이 있을 뿐이다.
— W. B. 예이츠

날고 싶을 때 날자

'날아가는 새들 바라보면 나도 따라 날아가고 싶어 파
란 하늘 아래서 자유롭게 …,'

한때 유명세가 굉장했던 발라드 가수의 이 노래가 나
오면 자연스럽게 푸르른 하늘 위로 풍선이나 비행물체
처럼 떠 있는 기구에 매달린 사람의 모습, 하늘을 유영
하는 듯한 자유로운 갈매기 같은 모습들이 떠오른다.
그걸 보노라면 아찔함이나 두려움보다는 부럽다는 생
각이 앞선다. 특별히 고소공포증이 있는 사람이 아니라

면, 영화든 예능프로그램이든 세상을 내려다보면서 하늘을 나는 장면을 보면 누구나 가슴이 설레는 것은 마찬가지일 것이다.

직장 초년에 한참 유행하던 여성잡지에서 당시 이름 꽤나 알려진 남성 탤런트가 패러글라이딩을 취미로 즐긴다는 내용을 읽었다. 그가 기구를 타고 하늘을 나는 장면을 사진으로 보면서, 참 멋지다는 생각과 동시에 한편으로는 참으로 고급스럽고 특별한 레포츠를 즐긴다는 생각을 했다. 그러면서 가슴 속으로는 나도 저렇게 하늘을 날아보았으면 하는 막연한 소망을 가져도 보았다. 1980년 중반의 얘기다. 그 시절에는 패러글라이딩이나 행글라이딩을 취미로 즐기는 것은 물론이고 열기구 한번 타보는 것도 보통사람들에게는 그야말로 꿈같은 일이었다.

40여 년이 지난 요즘 기구를 타고 하늘을 나는 일은 꿈이 아닌 현실이다. 패러글라이딩을 즐기는 인구가 늘면서 일반인도 누구나 마음만 먹으면 찾아가서 즐기는 레저스포츠로 각광받고 있는 중이다. 국내에서도 양평,

단양, 강진 등의 지역은 패러글라이딩과 행글라이딩 명소가 되었고, 인터넷에서 비용을 검색해 보면 10만 원이 채 안 되는 비용으로도 하늘을 날 수 있게 된 것이다.

이제 TV에서도 젊은이들이 패러글라이딩을 즐기는 모습을 가끔씩 보게 된다. '나도 젊었을 때는 저런 거 하고 싶었는데 …' 하는 아쉬움이 입에서 나올 법도 하지만 그보다는 '역시 청춘이다'라는 말이 새어나온다. 이제는 기회가 없는 게 아니다. 즐기고 싶다는 열정이 사라진 것도 아니다. 다만 나이를 생각하면 익스트림 스포츠(Extreme Sports)로 불리는 일명 '액티비티 스포츠(Activity Sports)'에 대한 부담이 느껴지기도 하고 엄격하게 말하면 다른 레포츠에 더 관심이 많아졌거나 즐기는 기쁨의 영역이 달라진 까닭일 것이다.

어디 이것뿐이겠는가? 과거 선진국에서나 혹은 국내에서는 특별한 능력이나 경제력을 갖춘 사람만 즐기는 스포츠로 여겼던 많은 종목들이 이제는 국내에서도 대중화 시대를 맞이하고 있다. 산악자전거를 타거나 자동차 글램핑을 즐기는 것은 아주 흔한 일이고 그야말로 하늘을 더 자유롭게 날아다닐 수 있는 경비행기도 교육을 받으면 즐길 수 있다. 유럽 방송에서나 본 듯한 카 레이싱을 현장에서 관람할 수 있는 장소까지 생겨났다. '세계 10위권의 경제선진국'이라는 말이 피부에 와 닿는다.

그래서일까? 나에게도 작은 욕심 하나가 생겼었다. 40여년 전 패러글라이딩을 타고 날아보고 싶었던 바람처럼 이제는 바다 위에서 서핑을 즐겨보고 싶었던 것이다. 한동안 건강과 체력을 위해 수영을 취미로 즐겼기에 물이 무섭지 않아진 이유도 있을 터이다. 게다가 그야말로 20년 전만 해도 영화에서나 본 듯한 시원하고 아슬아슬하게 서핑을 즐기는 사람들의 모습을 국내에서도 쉽게 볼 수 있게 되면서 나만의 로망이 생긴 것 같다. 몇 년 전부터 서핑을 동경하고 항상 노래만 부르던 나를 보다 못한 딸들이, 올여름 휴가 중 자기들끼리 척 척 서핑스쿨을 예약해서 내 등을 밀어줬다.

휴가 초반에 날이 흐려서 걱정했었지만 서핑을 했던

날은 그야말로 최고의 날씨였다. 하늘은 높고 파란데다가 물 온도는 적절했고 적당히 서늘한 바람이 파도를 만들어주었다. 전날부터 파도 한 번 못 타고 허우적대다가 끝날까 봐 덜덜 떤 것이 무색하게 곧잘 서서 몸을 실을 수 있었다. 작은 파도였고 강사의 도움을 받긴 했지만 그래도 내 힘으로 서핑을 한 것이다. 몇 년이 지나서야, 드디어.

세상은 좋아졌다. 어떤 엑티비티 스포츠든 해야겠다는 마음을 먹었다면, 외국에 나갈 필요도 없이 실행으로 옮기기만 하면 될 일이다. 무엇이든 하고 싶을 때가 있다. 그때 하지 않으면 세월이 흘러 그 열정과 관심이 희석되거나 다른 쪽으로 옮겨갈 가능성이 크다. '지금 안 하면 나중에는 더 못한다. 모든 것은 다 때가 있다'는 어른들의 말이 그래서 나온 것인지도 모른다. 무엇보다도 내가 해보고 싶은 것인데 그걸 못한 게 나이 들어도 아쉽다는 식의 후회는 없어야 하지 않겠는가? 나이에 상관없이 자신이 하고 싶을 때 앞뒤 가리거나 재지 않고 과감하게 새로운 도전을 해보는 것이 좋다.

하늘을 날든, 파도를 타고 놀든 중요한 것은 도전이고 그 결정은 각자의 몫이다. 나 또한 마찬가지이다. 용기를 낸다면, 어쩌면 등 떠밀려 했더라도, 이번에는 당신이 나처럼 완벽한 파도를 만나게 될지 모를 일 아니겠는가?

파도를 멈출 수는 없지만, 파도 타는 법을 배울 수는 있다.

— 존 카밧진

4부

함께 만드는
평등한 미래가 열린다

생활스포츠에 IT가 입혀진다

"스마트폰이 우리의 삶에서 필수용품이 된 요즘은 아웃도어 활동 또한 스마트폰이 주도한다. 장소 시간 구애받지 않고 다운을 받으면 곧장 활용할 수 있는 모바일 앱이야말로 아웃도어 마니아들에게는 IT기술이 낳은 최상의 선물로 애용되고 있는 중이다. 활동에 필요한 다양한 정보제공은 기본이고 …,"

은행에 들렀다가 대기시간을 채우고자 우연히 꺼내 든 어느 잡지에 실린 글의 일부다. 요즘 등산, 자전거,

낚시 등의 아웃도어 활동을 좀 즐긴다는 이들에게 필수는 아웃도어 앱이라는 내용과 그 앱들을 소개하는 기사였다.

스마트폰에서 앱만 다운 받으면 언제 어디서든지 곧장 위치파악, 동영상 기록, 칼로리 소모, 운동량, 현장 미리 보기 등의 다양한 정보와 기능을 시간 장소 구애받지 않고 활용이 가능하다는 것이다. 그중에서도 가장 인기 있는 건 등산 분야였는데, '등산 인구 2600만 시대'라는 말이 나올 정도로 산행은 건강 및 취미활동의 1순위로 꼽히니 그럴 만도 하겠다는 생각이 든다.

등산 마니아는 아니지만 재미도 있고 내가 몰랐던 사실들에 대한 호기심에 이끌려 십분 넘게 읽었던 것 같다. 한 앱은 1,500여 개의 걷기 길과 5,800여 개의 산에 대한 정보를 갖추고 있고, 이동속도, 이동고도를 체크하면서 앱 사용자들이 직접 자신만의 등산 경로를 등록하거나 다른 회원이 먼저 갔던 경로를 따라갈 수도 있다고 한다. 또한, 사진, 동영상, 텍스트 메모, 음성 녹음 등 원하는 포맷으로 '위치 메모'를 남길 수 있다는 것. 또 다른 등산용 내비게이션 앱은 사용자 위치를 실시간으로 추적해 경로를 음성으로 안내하는 것은 물론이고 걸음 수와 전체 시간 중 운동시간 및 휴식시간의 비율, 평균 속도와 소모된 열량 등을 통계로 한눈에 보여주기까지….

등산 앱이라 해서 간단한 것을 상상했는데 생각보다 대단한 구성이었다. 그날 오후 사무실에 지인이 들렀다. 등산을 워낙 좋아해서 해외로까지 나갈 정도인 사람이다.

"남 상무님도 등산 앱 같은 거 활용해요? 요즘 스마트폰만 있으면 산속에서도 길 잃어버릴 일은 없을 것 같아요."

"아이구. 그게 언제 적 얘긴데요."

"저는 그런 게 있는 줄도 오늘 알았네요. 잡지 기사를 읽고 나서…."

"저야 벌써 7~8년 전부터 깔았죠. 제가 이용하는 앱은 기능이 많아서 걷기, 등산, 자전거는 물론이고 골프,

수영, 승마를 할 때도 쓸 수 있습니다."

등산을 즐기면서 앱으로 인해 행복한 순간은 안전을 위한 산행 정보나 운동량 제공만이 아니란다. 그는 자기에게 아주 각별한 또 다른 앱을 소개했는데, 다름 아닌 인공지능 식물도감 앱이었다. 식물의 사진을 찍거나 업로드하기만 하면 혁신적인 인공 지능 기술로 전 세계 1만여 종 이상의 식물 정보를 즉각 얻을 수 있다는 것이다.

IT기술 발전 덕분에 손 안에 스마트폰만 있으면 안 되는 게 없는 참으로 편리하고 빠른 세상이라는 것을 실감하고 있긴 하지만, 나의 핸드폰 활용 수준은 요리하다 필요한 레시피 정도나 찾는 초보 레벨이다.

여가와 취미생활에 필요한 앱을 다운받는 지인처럼, 나이에 상관없이 스마트폰 기능을 제대로 활용하는 이들을 보면 내가 시대에 뒤처진다는 느낌을 받을 정도다. 가끔씩은 나도 그들처럼 사용하고 싶어 여러 시도를 해봤지만 번번이 실패로 끝났고 결국엔 딸들의 도움을 받기 일쑤였다.

시대를 역행할 수는 없으니 그 변화에 허둥지둥 따라가고 있긴 하지만 IT기술이 편리하고 유익한 문명의 이기라는 것은 확실하니, 이 기술이 여가활동이나 생활스포츠에 입혀지는 것은 그야말로 대환영할 일이다. 더러는 문명의 이기를 거부하는 이들도 있지만 대세는 적극적인 수용이다. 전문가들은 향후 국내 아웃도어 액티비티 스포츠를 즐기는 인구가 크게 증하면서 관련 시장이 크게 확대될 것이라고 내다보고 있다.

그날 읽은 기사 내용 중 어느 기업에서 'K-웰니스 플랫폼' 구축사업을 진행하고 있다는 내용도 기억에 남는다. 새롭게 대두되는 메타버스라는 환경이 실제 환경에서의 아웃도어 운동과 어떻게 접목될 수 있을지, 어떠한 재미 요소를 새롭게 줄 수 있을지 고민하는 중이라고 한다. 여가와 생활스포츠를 권장하는 조직에 몸담고 있는 나 역시도 이제는 IT기술을 생활스포츠에 어떻게 접목해야 더 효과적으로 사람들이 운동을 즐길 수 있을지 고민하지 않을 수가 없다.

국민건강 88은 의료손실비용 SAVE
– 생활체육은 복지 상향 선순환 위한 촉매

병원에 가지 않고 건강하게 산다면 이보다 더 최상의 축복은 없겠지만 최선을 다해 관리해도 우리의 신체는 노령화를 피할 수가 없다. 고령화사회로 접어들면서 100세를 넘은 노인의 수는 늘어나는데 뛰는 것은 접어두고라도 백세가 넘어서 자신의 다리로 가고 싶은 곳 걸어만 다닐 수 있는 이들은 소수에 불과하다. 적지 않은 사람들이 '100세 시대'라는 유행어가 마냥 축복만으로는 다가오지 않는다고 말하는 이유이기도 하다.

비만, 당뇨, 고혈압, 심혈관질환, 관절통, 안과질환

등은 아주 흔한 성인병으로 알려져 있다. 나이 50세만 넘으면 어디 한 곳 아프지 않은 사람이 드물다. 65세 이상의 노년 세대 중 질병으로 병원 가지 않고 특별히 치료약을 복용하지 않는 사람이라면 말 그대로 100세 시대 주인공이 될 예비후보인 셈이다.

자주는 만나지 못하지만 오래 전부터 가까이 지내는 인생 선배가 있다. 올해 그녀의 나이 66세다. 나이로 보면 이미 손주를 보고도 남지만 10년 전이나 5년 전이나 똑같이 고왔고 건강하다. 어쩌다 통화를 하거나 그녀를 만날 때면 우리 사이엔 늘 똑같은 대화가 오간다.

"여전히 아픈 곳 없이 건강하죠? 즐겁게 잘 살고 있는 줄은 알지만…."

가끔씩 힘든 소리를 하게 되는 나와 달리 선배는 항상 이렇게 대답했다.

"응. 나는 먹는 약도 없고 특별히 아픈 데는 없어. 치과 빼고는 병원에 간 적도 없고, 그런 돈 안 나가는 대신 난 여행 다니잖아. 항상 즐거워."

나 또한 건강한 체질이라서 건강에는 별다른 문제가 없지만 그런 나 역시 나이가 들수록 혈당 등 관리할 게 늘어만 가서 건강에 관한 앞으로의 일은 자신이 없다. 그 선배가 남달라 보이면서도 대단해 보이는 이유다. 부모로부터 물려받은 특별하고 타고난 체질이 있다 해도 우리의 신체는 내가 관리하지 못하면 한순간에 무너질 수밖에 없다. 선배 역시 자신보다 여섯 살, 두 살 더 나이 든 언니들과 60대 초반의 남동생이 있지만 형제들 중 성인병 하나도 없는 사람은 자신뿐이라고 했다. 그러면서 덧붙이는 말이 인상적이었다.

"술 담배 안 하는 것도 있지만 아무래도 내 건강은 운동 효과인 것 같아. 옛날부터 꾸준히 한 가지 운동을 지속적으로 해왔거든. 20대 시절엔 테니스를 많이 했고, 30대에는 수영하고 자전거를 했어. 애들 다 키우고는 남편하고 등산과 배드민턴을 번갈아 가면서 즐겼지. 지금도 수영과 등산은 쉬지 않고 계속하고 있어."

선배의 대답이야말로 100세 시대의 가장 중요한 팁이라고 생각한다. 생활체육을 통해 지속적으로 자신의 체력을 단련시켜 오는 과정에서 그녀의 노화는 더디게 진행되었음이 분명하다. 직업이 아닌 취미와 체력단련의 방법으로 오랜 기간 동안 운동을 지속한다는 것은 강인한 인내와 의지가 없이는 결코 쉽지 않은 일이다.

우리의 신체 건강과 생활스포츠의 상관관계는 이미 과학적으로 증명된 사실이다. 독일, 미국, 일본 등 우리보다 앞서 선진국이 된 국가에서는 국민들의 체계적인 스포츠 참여와 과학적 예방 관리 등의 필요성에 주목해 왔다. 스포츠과학에서는 건강관리를 통한 사회적 비용 절감효과에 대해 매우 긍정적인 평가를 내놓고 있다. 노인 가정의 경우 의료비가 가계에 미치는 영향이 큰 게 현실이지만 생활 속에서 즐기는 스포츠 참여만으로도 의료비를 크게 절감시킬 수 있다는 게 중론이다.

더욱이 노인 인구 증가가 초고속으로 진행되고 있는 우리나라는 국민건강을 위한 대정부 차원에서의 고민과 해법이 필요하다. 국민건강보험공단이 발표한 '2023년 건강보험 통계연보'에 따르면 우리나라 65세 이상 노인의 건강보험 진료비는 48조 9,011억 원으로 1년 전보다 6.9% 증가한 것으로 나타났다. 노인 인구는 922만 명으로 전체 건강보험 적용 인구 중 17.9%를 차지했으며, 이들의 진료비는 전체의 44.1%를 차지했다. 노인 1인당 연평균 진료비는 543만 4,000원으로 집계됐다고 한다. 고령사회로 접어든 우리의 현실을 여실히 보여주는 통계 수치다.

고령사회를 넘어 곧 초고령사회가 다가오고 있다. 지금은 우리나라뿐 아니라 전 세계가 고령화에 주목하고 또 그로 인해 파생되는 난제를 어떻게 해결해야 하는가에 대해 머리를 싸매고 있는 중이다. 국민건강과 이에 따른 국가재정은 물론이고 사회적 비용까지 감안한다면 건강과 의료비의 상관관계는 우리에게 매우 중요한 과제가 아닐 수 없다. 다시 말하면 우리 국민 개개인이 건강해야 의료비 손실이 줄어들고 의료비용 손실이 줄어들면 그 비용은 결국 다른 분야의 복지에 사용될 수 있다는 얘기다. 무거운 얘기이긴 하지만 우리 개개인의 건강은 결과적으로 사회적 비용을 아끼고, 그 자원이 양질의 국민 복지의 다양화에 사용되는 선순환 구조를 만들 수 있다.

건강하고 행복한 노후의 삶은 생활 속 스포츠와 직결된다. 국가의 지원책 마련도 중요하지만 우리 스스로를 위해, 그리고 건강한 사회를 위해 꾸준히 생활 스포츠에 관심을 주고 사랑하는 사람들과 함께 즐겨보는 것이 어떨까.

건강은 모든 자유의 기초이다. 운동은 그 자유를 지키는 열쇠다.
– 존 F. 케네디

버킷리스트에 숨어 있던 인생 물음표

선물 중에서도 좋아하는 선물을 꼽는다면 세 손가락 안에 꼽히는 게 책이다. 누구에게서 받든 어떤 책이든 책을 받을 때 갖는 그 감사함은 참 오랫동안 기억된다. 책을 읽는 순간은 물론이고 읽고 난 후에도 그 책이 서재의 한 자리를 지키고 있을 때엔 더욱 그렇다.

2018년 초였다. 지인이 친하게 지내는 작가가 새 책을 냈다면서 작가 사인이 담긴 책을 나에게 주었다. 제목부터 눈길을 끌었다. '살아 있는 동안에 한 번은 …' 비슷한 제목의 책들이 많은 탓에, 낯선 끌림이 주는 설렘은 없었다. 선물에 그저 감사할 뿐이었다. 하지만 집에 와서 그 책 표지를 자세히 들여다본 순간 부제가 '버킷리스트'였고 그 다섯 글자는 나로 하여금 책에서 손을 떼지 못하게 만들었다.

BUCKET LIST!

나는 단 한 번이라도 리스트를 만들어 본 적이 있는가? 아이들을 키우며 최선을 다해 인생을 살았다고 생각하지만, 죽기 전에 후회 없이 갈 수 있도록 내가 꼭 하고 싶은 버킷리스트를 고민하면서 촘촘하게 작성해 본 적은 없었으니까. 과연 나의 버킷리스트는 무엇일까?

책장을 펴는 순간 가장 먼저 나타나야 할 목차보다도 앞서 나타난 것은 다름 아닌 30대부터 70대까지 100여 명의 사람들이 밝힌 버킷리스트들을 세대별로 메모장 걸어놓듯 편집해놓은 20여 페이지 분량의 내용이었다. 여기서 발견한 새로운 사실 한 가지는 세대를 막론하고 각각 세 가지씩 적은 리스트에 거의 모든 사람들이 빠지지 않고 적은 것이 여행이었다. 유럽여행, 세계 일주, 우유니사막 가기, 블라디보스톡에서 출발하는 유럽횡단 열차 타기, 뉴욕거리 걷기, 제주도 올레길 완주하기 등등. 그리고 그 다음으로 많은 것이 당시 붐이 일기 시작하던 해외에서 한 달 살기였고 그다음이 이색스포츠 체험과 봉사활동 순이었다.

2천 년대 들어 해외여행 대중화 시대가 열렸음에도 불구하고 많은 사람들이 여전히 여행을 갈구하고 있다는 사실을 알았고 여행이나 한 달 살기 그리고 이색스포츠 체험은 곧 우리의 삶에서 쉼표를 의미하는 여가생활이라는 점에서 놀라지 않을 수 없었다. 모든 사람들이 휴식을 원하고 있다는 얘기다. 100여 명의 버킷리스트가 우리 국민 모두의 입장과 생각을 대변할 수 있다고 못 박을 수는 없겠지만 평범한 우리 주변의 사람들의 바람이라는 것은 그냥 흘려 볼 일은 아니었다. 더욱이 죽기 전에 꼭 해야 할 것이 많은 돈을 벌어 재산을 축적시키거나 어떤 위치에 올라 명예를 얻는 일이 아니라는 것에서 시대와 우리 사회의 변화를 체감하게 했다.

책을 읽고 난 후 수첩에 적어보기로 했다.

3,340여 개 섬 중 30개 섬 여행하기, 바닷가에서 책 한 권 완독하기, 사격 쏴서 인형 받기, 외국어 배우기, 평생 교육사 취득하기, 복근 만들기, 자원봉사 1만 시간 이상하기, 제주도에서 한 달 살기, 패러글라이딩 배우기, 사랑하는 사람과 오로라 함께 보기, 승마해 보기, 서핑 배우기, 국궁 배우기, 이탈리아에서 젤라또 먹기, 인도에서 손으로 카레 먹기 등등.

막상 머리와 가슴속에 숨어 있던 것들을 쓰기 시작하니 한두 가지가 아니다. 내 맘속에 이렇게 다양한 버킷리스트가 숨어 있는 줄은 나 자신도 몰랐다. 하루하루 최선을 다하며 열심히 살아왔다고 생각하지만 정작 내가 간절히 원했던 것을 나 자신도 차일피일 미루거나 그저 머릿속에만 담고 살았던 게 아닌가 싶다.

빈손으로 왔다가 빈손으로 가는 인생이니 돈만을 위해 달려가는 것도, 명예라는 핑계로 여러 개의 훈장을 달고 사는 일은 그야말로 무의미한 일이 아닐까 싶다. 내가 쉬고 싶을 때 쉬면서 쾌락을 추구하는 게 아닌 진정한 삶의 즐거움과 휴식을 찾는 일이야말로 우리에게 가장 필요한 것이다. 그것이 바로 여가이고 많은 사람들이 버킷리스트로 여가 속에서 나를 쉬게 하고 나를 발견하게 하는 것들을 선택하는 이유인 것이다.

어느새 올 한해도 절반이 지나가버렸다.

'나는 지금까지 무엇을 위해 이토록 숨 가쁘게 달려왔는가?'

하고 싶은 일을 미루지 마라. '언젠가'는 달력에 없다.
– 수잔 헤이워드

세대를 넘나들 수 있어 행복해

서른 살의 열정과 패션 센스감각이 뛰어난 여성 CEO 와 일흔 살의 남자 인턴사원. 혹자는 참 어울리지 않는 조합이라고 말할 수도 있겠다. 창업 1년 반 만에 직원 220명의 성공신화를 만든 젊은 여성으로서는 세상 무 서운 게 없을 터이고 칠십 인생을 산 시니어로서는 세 상 이해 안 될 일도 없고 타협이 안 될 만큼 두려워할 상대도 없을 것이다.

몇년 전 상영된 영화 '인턴'의 두 주인공에 대한 짧은 스케치다. 누군가는 50대 이상의 시니어라면 한 번쯤은 꼭 볼 만한 영화라고 말하기도 했다. 적어도 이 영화는 시니어들이 노년 인생을 살아가는 과정에서 일을 할 때 어떤 자세로 또 누구와 함께해야 하는지를 정확하게 알려준다는 것이다. 나는 다양한 연령과 계층의 사람들이 관람했으면 좋겠다는 입장이었다. 내가 본 이 영화는 대박은 아닐지라도 20대부터 80대까지 우리 사회가 함께 공존 공생하는 삶의 지혜가 숨어 있는 작품이었으니까.

앤 해서웨이가 연기한 여주인공 줄스는 실존 인물을 모델로 한 캐릭터로 '실리콘밸리의 신데렐라'로 불린 여성이다. 패션센스를 갖춘 것은 기본이고 업무를 위해 사무실에서도 끊임없는 체력 관리를 하고 야근하는 직원들을 일일이 챙겨주고, 고객을 위해서라면 박스 포장까지 직접 하는 열정적인 30세 여성 CEO다. 수십 년 직장생활에서 쌓은 노하우와 나이만큼이나 다양하고 풍부한 인생 경험이 무기인 남자 주인공 벤은 70세에 젊은 줄스가 대표인 회사에 인턴으로 입사한다. 까탈스러운 줄스는 노인 인턴프로그램에 대한 거부감을 드러냈지만, 우연한 일로 벤이 줄스의 운전기사를 하게 되면서 두 사람은 가까워진다. 벤은 어른으로서 자신이 회사에서 할 일을 적극적으로 찾아서 챙기고 이런 그를 지켜봐 왔던 직원들로부터 인정받는 시니어 인턴이 된다. 물론 줄스도 벤의 진가를 알게 된다.

고령화의 영향으로 우리 사회에도 노인과 청년이 함께 하는 프로젝트들이 하나둘씩 생겨나고 있다. 아직은 정부나 지자체가 주관하는 경우가 많은 편이긴 하다. 초고령사회를 앞두고 있는 우리로서는 어쩔 수 없이 섞이게 될 미래를 대비하여 세대 간의 벽을 허물고 조화로운 일터를 창출해야 하지만 그게 영화처럼 쉬운 일은 아니다. 줄스와 벤이 겪은 일들이 쉬웠다는 건 아니지만 그들은 극히 운이 좋았고 이상적인 형태로 이야기가 풀렸다 생각한다.

시니어들의 구직 열망은 분명 뜨겁지만 아직 프로젝트 풀이 넓지 않아서인지 원하는 사람들 수에 비해 자리가 없다. 힘들게 그 좁은 자리까지 가게 되어도 자신의 과거와 비교했을 때 주어지는 임금, 직책, 역할들이 초라해서 앞에서 포기하는 이들이 적지 않다. 젊은이들 또한 시니어들을 잔소리 많고 어깨에 힘주고 싶어 하는 불편한 이들로 여기며 함께 조직생활을 하는 것을 달가워하지 않는 것도 현실이다. 그렇다면 나이 60 넘으면 일하고 싶은 열정을 버려야 할까? 인구 고령화의 속도는 빨라지고 있는데 청년층 중년층 CEO나 간부는 장년층과 노년층 인력을 마냥 거부할 수 있을까?

100세 시대다. 사회활동이든 직장생활이든 '나이'라는 고정관념에서 벗어나야 한다. 그럼에도 불구하고 우리 사회는 여전히 세대 간의 갈등이 이슈로 남아 있다. 이런 우리 사회의 현실을 두고 한 컬럼니스트는 '나이와 성별 그리고 직급을 뛰어넘어 자유롭게 소통할 수 있는 문화 정착이 시급하다'고 말했다.

동서고금을 막론하고 인간의 삶은 소통을 기반으로 한다. 가정에서, 일터에서, 사회에서, 학교에서 상대와의 소통이 원활하지 않으면 갈등이 시작되고 불협화음을 불러일으키면서 논쟁의 불을 지피게 된다. 소통을 위해서는 나이나 성별을 벗어나 수평적인 사고로 임하는 자세가 필요하다. 특히 일터에서는 더더욱 그렇다. 시니어일수록 더 현실을 자각해야 한다. 자식이나 손자뻘 되는 상사로부터 지시는 물론이고 때로는 업무 결과에 따른 지적도 받을 수 있음을 받아들이자. 그들과의 동료의식을 한껏 발휘하면서 손을 잡아야 한다. 이게 힘들다면 건강하고 일에 대한 열정이 있더라도 취업을 하지 않는 것이 서로에게 좋다.

단체활동을 같이 하는 60대 중반의 남성이 들려준 말은 우리 사회에서 소통을 위해 어떤 마인드가 필요한지를 알려준다.

"제가 중학교 때까지 축구를 했거든요. 한동안 잊고 살다가 40대 초반 즈음 우리 구에 조기축구회가 생겨서 가입을 했어요. 그때만 해도 내 위로 형님들이 여럿 계셨는데 지금은 제가 두 번째로 나이가 많아요. 얼마 전에는 20대 초반의 대학생이 회원으로 들어왔죠. 그야말로 손자뻘 되는 친구이지만 우리는 같이 뛰는 동호회 회원이기에 나이 같은 것은 서로가 의식하지 않아요.

그냥 축구를 좋아하는 친구입니다."

나이가 스무 살, 서른 살 차이가 나는 회원들과 대화할 때 엇박자가 나고 젊은이들과 축구를 하기에는 다소 힘이 부치는 게 사실이지만, 공동체 활동을 위해 상대 입장에서 생각해 보고 배려하려 하다 보니 얻은 것도 많다 했다.

"제가 동호회 활동을 하면서 얻은 게 많아요. 조기축구를 시작할 당시 우리 큰 애가 중학교 3학년이고 둘째는 1학년이었어요. 둘 다 사춘기 나이인데다 컴퓨터 인터넷 이런 게 활성화되던 시기였으니까 아이들이 성장할수록 여러 가지로 격세지감을 느끼곤 했죠. 어떤 면에서는 아예 이해가 안 되는 겁니다. 그런데 젊은 회원들과 함께 운동을 하면서 친해지고 대화를 나누다 보니 젊은 세대들에 대해 이해가 빨라졌어요. 지금 자식들이 30대 후반인데 같이 생맥주집에 가서 호프도 마시고 볼링도 치고 그래요."

가끔은 배려하는 게 힘이 들고 고생스러워도 그들과의 소통이 즐거워서 또 함께해 온 시간만큼 정이 들어서 쉽게 조기축구를 그만둘 수가 없다고 했다. 나는 그의 이야기 속에서 지금 우리 사회가 안고 있는 세대 간의 갈등의 고리를 풀 해답을 찾았다.

시니어라면 한 해 한 해 지날수록 어디를 가든 윗사람들보다는 젊은 사람들과 만나는 일이 더욱더 늘어날 수밖에 없다. 회사의 조직생활은 젊은층과의 소통이 필수이며, 심지어 1인 창업을 한다손 치더라도 비즈니스는 사람을 만나는 일이니 젊은이들과 만나고 대화하고 입을 맞춰야 한다. 산속에 은둔한 자연인처럼 모든 관계를 살게 아니라면 행복한 노년 인생을 위해 손자 같은 20대, 자식 같은 30대, 40대 젊은이들과 함께 웃고 뛰며 소통을 해보자. 세대 간 화합은 고생스럽고 어렵지만, 그만한 가치가 있는 일이다.

잘하지 않아도 완벽하지 않아도 된다

　많은 사람들을 만나다 보면 타인의 여가생활을 두고 왈가불가하는 이들도 있다. 해당 분야 전공을 하지 않았는데도 마치 전문가처럼 활동을 하려고 한다든가 또는 제3자가 보기에는 수준이 아마추어인데 프로인양 의기양양해 한다는 것이다. 때로는 시샘처럼 들리기도 해서 한 귀로 듣고 한 귀로 내보내고 만다. 그럼에도 불구하고 내 머릿속에서 그 이야기들이 완전히 지워지질 않는다. 아무래도 관련 분야 조직을 이끌고 있기 때문이 아닐까.

정년퇴직을 하고 퇴직금으로 안정된 노년을 보내는 시니어들 중에는 여행을 하면서 사진촬영을 하는 것을 취미이자 여가생활로 즐기는 이들이 많다는 얘기를 들은 적 있다. 개중에는 전문가 못지않게 실력이 좋아 갤러리에서 전시회도 연다고 한다. 국내는 물론이고 인도나 아프리카 사막까지 가서 자연과 문화 그리고 인물을 사진에 담는 이들도 적지 않다.

　여행과 사진. 여행과 그림. 직접 곳곳을 발로 찾아다니면서 그 기록을 나름 예술로 승화시키고 또 만족을 얻는다는 것은 의미 있는 일이다. 지구촌을 누비면서 촬영도 하고 그림도 그리고 새로운 문화와 사람들을 만나는 일 그것은 상상만 해도 멋진 게 사실이다. 여유로우면서도 고급스러운 이미지가 있는데다가, 무엇보다도 자신의 발자취를 작품으로 남기는 취미이다 보니 적지 않은 시니어들이 소망하고 갈망하는 여가생활이기도 하다.

　사진이 주는 인상으로 인해 더 잘해야 한다는 부담감을 가진 이들도 더러 보였다. 여행을 가서 사진을 찍는다 하더라도 여행을 즐기기보다는 예술적인 사진을 찍는 것으로 목적이 바뀌게 되는 것이다. 예술 분야에 대해서는 남다른 재능이 없어서일까? 여행은 좋아하지만 부지런히 이곳저곳 살펴보는 것을 즐길 뿐 작품으로서 사진에 담거나 그림을 위한 스케치 활동은 해본 적이 없다. 게다가 여가생활 자체가 반드시 전문가 수준의 작품이어야 할 이유도 없다는 입장이다. 이를테면 여행과 사진, 여행과 그림을 선택했을 때 두 가지 다 프로처럼 하지 않아도 된다. 아니 꼭 그렇게 해야 할 이유가 없다. 말 그대로 여가생활이기 때문이다.

'이왕이면 다홍치마'라는 말이 있다. 어떤 일이든 시작한 일이라면 더 잘해서 나도 만족하고 가족이나 주변 사람들이 박수를 쳐줄 정도면 더 좋을 일이다. 하지만 여가로 어떤 활동을 선택했을 때 꼭 그것을 잘 해보려고 하는 노력은 찬사를 보낸다. 다만 전문직업인처럼 잘하려고 하는 과정에서 스스로 스트레스를 받게 된다면 아니될 일이다. 여가는 휴식과 즐거움이 따라야 하기 때문이다.

여가는 가정, 직장, 사회 등에서 각자가 가졌던 의무로부터 해방되어 자유롭게 휴식을 취하며 기분을 전환하기 위한 활동이 바로 여가가 아니던가. 그렇다면 무언가를 너무 잘하기 위해서 스트레스를 받고 또 남의 눈치를 볼 이유도 없다. 돈이 들어가든 안 들어가든 그것 또한 각자가 선택한 여가의 방법일 뿐 비용의 잣대로 여가의 질을 논할 필요가 없는 것이다.

그것이 당신이 원하는 여가라면 남들 눈치 보지 말고, 싸게 즐겁게 즐기자.

계속 시도하고, 계속 실패하라. 더 잘 실패하라.

– 사무엘 베케트

21세기형 노마드(Nomad)족이 온다

2천 년대 들어서면서부터가 아닐까 싶다. 국내 매스컴도 사람들도 '일과 삶의 균형'을 뜻하는 '워라밸'을 외쳐대기 시작했다. 열심히 일에만 집중하며 사는 것, 돈을 많이 벌어야 여유로운 삶이 다가온다는 발상은 이제 구시대의 유물처럼 변해가고 있다. 청년도 중장년층과 노년층도 모든 세대가 일 속에 파묻혀 사는 삶을 거부하고 있다. 긍정적인 시각으로 바라봐야 할 시대의 변화다. '소풍처럼 한번 왔다가 가는 삶'이 인생이라면 날마다 소풍처럼 즐겁게 사는 것이야말로 후회 없는 삶이 아니겠는가?

노마드(nomad)란 본래 '유목민, 정착하지 않고 떠돌아다니는 사람'이란 의미로 사용되어 오던 언어다. 21세기 들어 정보기술의 발달과 함께 21세기형 신인류를 뜻하는 '디지털노마드'가 등장했다.

최근 들어 화두가 되고 있는 '디지털 노마드족'은 인터넷 접속을 전제로 휴대폰, 노트북, 디지털 카메라 등 첨단 기기를 활용해 시간과 공간에 구애받지 않고 재택 또는 이동근무를 하며 자유롭게 생활하는 이들을 말한다. MZ세대들의 새로운 워라밸 형태로 떠오른 '워케이션(worcation)'에서 한발 더 나아가 공간과 시간이 확장된 방식이다. 회사가 아닌 휴가지에서 일도 하고 여가도 즐기는 근무 방식인 워케이션은 일정 기간 또는 시즌별로 근무 방식에 치우쳐 있다면 디지털 노마드는 1년이든 3년이든 장기간 동안 자신이 원하는 해외 휴양지나 도시에서 워라밸을 즐기는 방식이다. 디지털 노마드라는 삶의 모델이야말로 워라밸을 중시하는 현대인들이 원하는 최상급 모델 같다는 생각도 든다.

영국 BBC방송은 아랍에미리트(UAE)에서 일하는 캐나다 출신의 31세 청년의 일과 삶을 조명했다. 그가 바로 디지털 노마드였다. 소프트웨어 엔지니어로 두바이에 거주하고 있는 그에게 UAE는 1년짜리 디지털 노마드 비자를 부여했는데 주민증 발급은 물론이고 대부분의 공공서비스에 대한 접근권도 부여받았다고 한다. 현지인이나 다름없이 일상생활에서 불편함 없이 살 수 있는 자격을 준 것이다.

많은 국가들의 최근의 트렌드가 디지털 노마드족을 주목하게 되면서, 비자를 발급해 주는 나라들이 늘어나는 흐름으로 이어지고 있다. 독일, 코스타리카, 크로아티아, 노르웨이, 멕시코, 포르투갈, 체코, 아르헨티나 등이 디지털 노마드족에게 비자를 발급해 주는 대표적인 나라다. 비자 발급 자격은 18세 이상으로, 특정 월 소득이 있어야 하며, 전 세계 어디에서나 일할 수 있는 직업이 필수다. 독일의 경우 취업이 아닌 '프리랜서 비자'를 소지하면 수시로 파트타임 계약을 통해 일할 수 있다.

그렇다면 왜 이 국가들은 디지털 노마드에게 비자를 부여할까? 인재 유치를 통한 자국의 기술과 경제발전을 위한 것은 물론이고 이들이 이끄는 생산성과 관광자원 인프라를 통한 소비력을 무시할 수 없기 때문이다.

향후 디지털 노마드가 몰려들 국가로는 생활비가 적게 소요되는 저비용 국가인 태국과 인도네시아, 베트남 같은 동남아시아와 남미의 콜롬비아, 아르헨티나 등이 주목받고 있다. 이들 나라는 한 달에 800달러 정도만 있어도 현지생활에 부족함이 없기 때문이다. 전문가들은 월 2천~3천 달러가 소요되는 포르투갈, 스페인, 이탈리아, 그리스 같은 서유럽을 그다음 인기 지역으로 꼽는 것으로 알려진다.

디지털기기 활용도에서 꽤 앞서 있는 수준인 우리나라에는 디지털 노마드를 꿈꾸는 이들이 얼마나 될까? 이미 회사가 아닌 거점 사무실 문화가 생겨나고 카페에서 노트북 컴퓨터만으로 일과 공부를 하는 문화가 일상화돼 있다. 평소 자신들이 존경하던 국가들로 워라밸을 즐기러 떠날 준비를 하는 디지털 노마드가 적지 않을 것이라는 예감이 든다.

그 이유를 뒷받침할 근거로 5~6년 전부터 우리나라에서 유행 중인 '해외 한 달 살기', '제주도 한 달 또는 1년 살기'를 제시한다. 이들 중에는 은퇴한 노년층들도 있지만 디지털 노마드의 삶을 추구하는 청년세대들도 적지 않았다. 이미 십여 년 전에 지인 중 한 칼럼니스트가 이런 말을 했었다.

"해외에 나가도 스마트폰만 있으면 안 되는 게 없어요. 스페인을 2주 동안 여행하면서 스마트폰으로 원고를 세 편이나 썼죠. 원고와 사진을 e메일을 통해 잡지사로 전송했고, 제가 도착했을 때는 이미 편집된 책이 나와 있더군요. 정말 멋진 세상이 아닙니까?"

참 자유롭고 이색적이라는 생각이 들었다. 어쩌면 그는 디지털 노마드의 인생을 선도하는 한 사람이 아니었을까. 물론 지금이야 그와 같은 이들이 한둘이 아니기에 놀랍거나 이색적으로 보이진 않는다. 국가별로 제한적인 요소가 있긴 하겠지만 IT를 비롯한 전문분야에서 능력을 갖추고 있다면, 디지털 노마드로 살아가는 것은 누구든지 마음먹기에 달린 일이다. 더욱이 청년층, 중년층으로서 글로벌마인드를 갖추고 더 넓은 세상을 경험하고 싶다면 일과 휴식이 병행하는 디지털 노마드 인생을 추구할 이유로 충분하다.

세상은 책이고, 여행하지 않는 사람은 그 책의 한 페이지만 읽는 것이다.
– 성 아우구스티누스

건전한 집단문화, 배려와 매너가 먼저다

인터넷 뉴스를 읽다가 '수영장 텃세'라는 단어에 시선
이 멈췄다. 지역사회 한 실내수영장 동호회에서 중급반
이던 회원들이 고급반으로 넘어간 후 일괄적으로 수영
모 구입 비용을 내야 했고 떡 돌리기를 하지 않았다는
이유로 미움을 받았다는 내용이었다. 물론 모든 수영장
에서 일어나는 일은 아니다. 수영장 텃세라는 것이 어
느 개인의 이야기일 수도 있고 같은 그룹의 몇 사람의
입장일 수도 있겠지만 생활체육 현장에서 이러한 불편
한 이슈가 언론에까지 문제로 불거진다는 것은 결코 바

람직한 일은 아니다.

국내 생활스포츠 현장에는 수천 개가 넘는 동호회들이 존재하고, 대다수가 법과 제도에 의해 만들어진 조직이 아닌 자연 발생적인 모임 성격을 띠고 있다. 참여인원이 늘고 역사가 길어질수록 자체적으로 회칙을 만들고 조직력을 강화시켜 지역사회나 동종스포츠 분야에서 존재감을 드러내기도 한다.

생활체육에서 가장 중요한 것은 남녀노소를 막론하고 각자 좋아하는 스포츠를 통해 심신을 단련시키는 것이다. 단체의 인원 수나 선후배 간의 세력이 아니다. 강요가 아닌 자발적인 참여에 의해 이루어진다는 점에서 자율과 화합의 가치를 배울 수 있는, 일상에서 쉽게 접할 수 있고 중요한 공간이기도 하다. 다만 어딜 가든 다수의 사람들이 모이는 집단에서는 불편한 진실 한 가지가 잡음이 존재한다는 것이다.

여러 사람이 모이면 각각의 개성이 다르듯 습관이나 의견도 제각각이다. 소통과 화합과정에서 소소한 불화나 갈등은 생기기 마련이다. 이를 막기 위해 친구나 지인들끼리 사적인 소모임에서도 회칙이나 규정을 만들었지만 그럼에도 불구하고 사람이 모이는 곳에서는 크고 작은 의견 불일치나 에티켓의 문제 또는 서로 다름으로 인한 표현방식의 문제가 생겨나는 건 어쩔 수 없었다.

언젠가 야구를 즐기는 지인이 우연히 털어놓은 이야기다.

"일요일에 함께 운동을 한 후 식사를 하거든요. 술 좋아하는 분들은 술도 겸하죠. 그러다 보면 같은 지역에 사는 사람들끼리 차 가져온 사람과 동승을 하게 되거든요. 저는 술을 안 마시니 늘 제 차를 가지고 갔는데 꼭 그 형님만 차 안에서 담배를 피워요. 술 한 잔 마셨으니까, 제가 나이가 어리니까 상대 입장 고려하지 않는 거죠. 그 스트레스 때문에 어떤 날은 일부러 저도 차를 가져가지 않고 다른 분 차 신세를 질 때도 있어요."

체력단련과 운동을 즐기기에는 동호회 활동이 좋지만 그 속에는 인간관계에서 감내해야 할 스트레스도 있다는 얘기였다. 차 안에서의 흡연을 자제해달라고 부탁도 했건만 상대는 그 순간만 '미안하다' 한마디 할 뿐 고쳐지지는 않았다고 한다.

연장자들이 가끔 보이는 '나는 너보다 어른이니까'라거나 '나도 그 나이 때에는…' 식의 언행들은 모임의 분위기를 해친다. 상대의 호의에서 비롯된 것도 감사하는 마음 없이 당연하게 받아들이고 구세대적 관점에서 자기보다 어린 사람들에게 예의와 존중을 보이는 것에 익숙치가 않다. 특히 생활스포츠 모임 같은 강요 없이 자발적인 참여에 의한 환경에서는 모임의 구성과 평화를 깨트리는 주요 불화 원인이 될 수 있다. 생계가 걸린 직장에서나 꼰대 짓을 참아주지 취미에서까지 그 꼴을 보고 싶은 사람은 없기 때문이다.

수영장 관련 기사에는 다양한 댓글이 달렸고 유사한 경험을 했다는 이들도 있었다. 고급반 회원들은 '우리도 고급반 올라올 때 똑같이 했다'면서 기존의 관례를 언급할 수도 있고 중급반 회원들은 '그것은 부당하다. 우리는 같은 스포츠센터의 동등한 회원일 뿐이다'고 말할 수 있다.

지인의 이야기를 들었을 때, 나로서는 해당 동호회 회원이 아닌 제3자이기에 정확한 상황을 모른 상태에서 어느 쪽이 옳다고 편을 들어줄 수는 없었다. 다만 이런 생각이 떠오른다. 누가 옳다 그르다 화를 내기에 앞서 배려와 감사의 마음을 내가 먼저 실천하는 것이다. 어차피 서로 즐거우려고 모인 사람들이니 선배 후배 모두 똑같은 위치에 있다는 마음으로, 존중하고 헤아리는 자세를 가지자. 얼굴 붉히고 찜찜한 모임보다는 건전하고 재미있을 것이다.

당신이 얼마나 많이 아는지는 중요하지 않다. 당신이 얼마나 관심을 가지는지를 알기 전까지는.

― 시어도어 루스벨트

여행의 기회도 평등해야 한다

"예전에 우리 엄마는 어디 가는 것을 그렇게도 싫어 하시던데."

"우리 엄마도 그러시더라. 날 더운데 고생하고 돈 쓰러 어딜 가냐고. 당신은 집이 제일 편하다고. 그래서 가족 여행 한번 제대로 못했거든."

20년 전 30년 전의 부모들은 그랬다. 자식들에게 부담을 주지 않으려고 속마음을 속이며 살았다. 지금도 그럴까? 이제는 아니다.

여행을 싫어하는 사람은 흔치 않다. 홀가분한 마음으로 보고 먹고 쉬고 즐기러 떠나는 것을 마다할 이유가 없기 때문이다. 여행은 떠나기 전부터 이미 그 기대와 설렘만으로도 다녀온 그 이상의 만족을 안겨주는데 싫어하는 사람이 있겠는가?

2023년 발표한 통계청의 여가활동조사에서 65세 이상 인구의 '향후 가장 하고 싶은 여가활동' 1위는 관광으로 나타났다. 코로나19 대유행을 겪었으니 어떻게 변했을지 궁금한 일이다. 감염병 때문에 외출을 자제하려는 심리 트렌드가 있었지만 시니어들의 여행욕구는 결코 줄어들지도 않았고 해외가 아닌 국내에서의 여행을 비롯한 여가활동은 더 늘어났다고 한다. 한국관광공사가 50대를 비롯해 60, 70대 이상 소비자들을 대상으로 한 소비데이터분석이 이런 사실을 밝혀냈다. 전국 17개 광역지자체의 2019~2021년 카드 소비데이터를 분석 결과에서는 코로나19 팬데믹 기간에도 여가서비스업이 차지하는 소비 비중은 꾸준히 증가한 것으로 드러났다. 또 소셜미디어와 커뮤니티의 '여행' 키워드 언급 추이에서는 2019년 1만 1,257건에서 2021년 2만 7,371건으로 언급량이 두 배 이상 늘어났으며, 여행과 함께 등장한 키워드로는 '섬', '한 달 살기', '제주', '포토존', '드라이브' 등이 주를 차지했다고 한다.

이렇게 뜨거운 반응을 보였던 우리 국민들의 해외여행은 앞으로도 지속될 것으로 보인다. 글로벌 여행앱 '스카이스캐너(Skyscanner)'가 발표한 '트래블 트렌드 2025'에 따르면 한국인 여행객의 79%는 '내년에 여행을 떠나겠다'고 답했으며, 응답률을 세부적으로 보면 '올해와 비슷하게'가 26%, '올해보다 더 많이'가 53%로 나타났다고 한다.

또 스카이스캐너는 내년 여행 트렌드로 '카우보이 코어', '스포츠 모드', '천체 여행', '웰니스 투어', '아트 벤처', '가든 투어', 'e스포츠 모드' 등 7가지 특징을 꼽았다.

'천체 여행'의 경우 내년에는 별을 관측하고, 밤하늘 아래에서 특별한 시간을 보내고 싶어 하는 여행객이 증가할 것으로 예측했다. '웰니스 투어'의 부각은 한국인 여행자의 61%가 '건강과 웰빙에 전보다 더 관심을 두고 있다'고 답했고 79%는 '휴가가 회복 탄력성과 힘을 기르는 데 도움이 된다'고 답한 데 따른 것이라고 한다.

이같은 트랜드는 스카이스캐너의 항공편 및 호텔 검색 데이터를 기반으로 한 독자적인 데이터와 한국인 여행객 1,000명을 대상으로 한 설문조사 결과 및 업계 전문가들의 의견을 바탕으로 작성된 것으로 알려진다.

'웰빙'에 이어 '소확행'이 우리 사회의 이슈로 자리 잡으면서 시니어들의 사고도 달라지고 있다. 주변의 시니어들을 들여다보면 무엇보다도 건강과 젊음을 유지하려는 애착이 강하다. 활동량이 적고 집안에서만 머물고자 하는 이들은 없다. 그들도 이제 여행을 통해 자신의 인생을 즐기려는 경향을 보인다. 한국관광공사의 분석에서도 나타났듯이 최근 들어서는 먹거리 체험을 선호하는 대신, 체험이나 액티비티, 그리고 관광 활동을 선호한다, 잘 조성된 숲을 찾아 간다든지, 어느 지역 올레길을 걷겠다든지 여행을 통한 마음의 힐링과 건강한 체력 다지기를 추구하는 분위기가 역력하다.

나이 60이 넘었다고 해서 자신이 노인이 됐다고 여기

는 이들은 없다. 70대, 80대가 되어도 속내는 '마음은 아직 청춘이야'라는 쪽이다. 여전히 그들의 가슴은 뛰고 있다는 얘기다. 그런 젊은 열정을 품었음에도 불구하고 장애가 있어서, 기력이 떨어져서, 혼자이기에 불안해서 라는 이유 때문에 여행을 가고 싶은 마음을 실행으로 옮기지 못하는 시니어들이 적지 않다.

어쩌다 이런 얘기를 듣게 되면 아는 사람이 아닐지라도 속상해진다. 누구든 미래를 예측할 수 없고 뜻하지 않게 건강에 문제가 생길 수도, 신체의 노화를 피할 수도 없는 일이니 말이다.

여행을 마음대로 즐기지 못하는 이들은 또 있다. 우리가 사는 세상의 사회적 약자이면서도 교통 약자 이웃인 장애인들이다. 휠체어를 탄 채로 외부활동을 하는 것은 신경 쓸 것도 많고 육체적으로도 고된 일이다. 엘리베이터가 없는 역도 많고 휠체어가 들어갈 수 있는 장소인지도 미리 확인해 봐야 한다. 최근에야 본격적으로 가시화된 사실이지만, 우리나라처럼 따로 교통약자를 위한 시설이 잘 정비되어 있지 않은 나라에서는 바깥에서 활동하는 장애인을 보는 것도 드문 일이다. 외식이라도 할라고 치면 휠체어 택시를 기다리는데도 몇 시간이 걸리니 본의와 다르게 그저 집에만 있게 되는 것이다.

우리는 '국민'이라는 이름으로 모두가 삶을 평등하게 누려야 할 권리가 있다. 장애인과 교통약자에 속한 시니어들이 여행에서 소외되고 있다는 전제하에 정부 차원에서 여행을 비롯해 그들의 여가를 돕고 활성화시킬 수 있는 방안을 마련해야 한다. 선진국으로 인정받게 된 국력에 걸맞게 여가와 복지도 달라져야 한다. IT의 발전만큼은 빠른 속도는 기대할 수 없을지라도, 복지란 평등을 기반으로 다 함께 행복한 세상을 지향하는 일이기 때문에 정부가 서둘러 대응하는 게 맞다고 본다.

올여름 들어 경기도 한 지자체의 교통약자이동지원센터에서 교통약자를 대상으로 여행·여가 활동을 위한 특별교통수단 지원사업을 시범 운영한다는 뉴스를 접했다. 시 교통약자이동지원센터 등록 휠체어 고객을 대상으로 매월 1팀을 선정하여 여행·여가 활동 목

적지까지 서울·인천, 경기도 내 왕복으로 1일 차량 등을 무료로 지원할 예정이란다. 그런가 하면 또 다른 지자체에서는 교통약자의 여가 생활 지원을 위한 맞춤형 '동네 시티투어'를 운영할 계획이라는 소식이다. 두 손 들어 환영할 일이다. 교통약자를 위한 이 같은 지원이 이제 시작이긴 하지만, 여행의 기회도 평등하게 주어지려는 흐름이 보다 빠르게 전국적으로 확산되었으면 하는 기대와 소망을 가져본다. 함께 행복하게 사는 세상이 되기 위해서 꼭 필요한 일이니까.

여행은 최고의 교육이다. 세상을 더 나은 곳으로 만들기 위해선, 다른 사람의 눈으로 세상을 볼 줄 알아야 한다.

– 글로리아 스타이넘

좋은 세상, 더 좋은 세상이 되길

"일주일에 한 번은 꼭 가는 곳이 있다. 아니 반드시 가야만 하는 곳이다. 어떤 날은 당장 급한 것이 아닌데도 나는 그곳으로 간다. 마치 자석을 붙여놓은 것처럼 발길은 그곳을 향한다. '전통시장의 자부심'이라는 로고가 반겨주는 광명사거리역 9번 출구 앞의 광명전통시장이다. 전통시장은 이 도시에서 내가 가장 좋아하고 사랑하는 곳으로 27년 전이나 지금이나 늘 같은 곳에서 '광명사람들 바라기'임을 자청하며 서 있다."

몇년 전 출간했던 에세이 〈더불어 삶! 그 싹이 트다〉에 실었던 원고 중 한 단락이다. 이 글 그대로 나는 전통시장 예찬론자이다. 어느 곳을 가든 전통시장은 부지런한 이웃들의 일상을 고스란히 볼 수 있는 삶의 현장이기 때문에 옛날의 정겨움과 활기참을 느끼고 싶을 때 좋다. 특히 비오는 날이면 왠지 시장에 더 들르고 싶어진다. 딱히 무얼 사야겠다는 계획도 없으면서 그저 시장 한 바퀴 둘러보다 순간 눈길이 가는 야채나 먹거리가 있으면 덥석 손에 쥐게 된다. 아주 특별한 값비싼 식재료도 아니건만 집에 가서 요리를 해먹을 생각을 하면 그 작은 행복에 젖어들어 발걸음은 더 활기차게 움직여진다. 어쩌면 비 오는 날의 처지는 기분을 시장의 에너지 넘치는 기운으로 바꾸고 싶은 것인지도 모른다.

　그날은 아침부터 장맛비가 주룩주룩 내렸다. 출근하여 사무실 일을 보고 점심을 먹고 난 후 다시 할 일들이 남아 있건만 마음이 괜히 싱숭생숭하여 아무것도 손에 잡히질 않는다. 나같이 단순한 사람은 몸을 움직여 기분전환이라도 하지 않으면 의자에 앉아서 인터넷 뉴스만 하릴없이 넘기게 된다. 이럴 땐 차라리 시장을 한 바퀴 둘러보는 게 좋다.

그렇게 시장으로 발길을 옮겨 내가 종종 들르는 야채가게에 가니 자리가 비어 있다. 무슨 일이라도 있나 기웃거리니 옆 가게 사장님이 야채가게 사장님은 스포츠센터에 잠시 갔다고 전해주었다. 어깨 수술을 하고 난 다음부터 재활치료를 위해 인근에 있는 복지관 스포츠센터에 다니는데, 여름 한낮에는 더워서 손님도 덜하고 스포츠센터도 이 시간 즈음이 사람이 가장 적기 때문에 날마다 잠시 자리를 비운다고 했다. 그러면서 하는 말이 세상 좋아져서 저비용으로 수영, 에어로빅, 헬스들을 할 수 있게 되어 좋다고.

한적한 시간에 찾아온 손님이 반가우신지 운동 토크는 계속 이어졌다. 자신은 아침에 수영을 1년 넘게 다녔는데 한동안 코로나19로 문을 닫았던 동안 다니지 않았더니 이제는 시간을 낼 엄두가 나지 않아서 가지 못하고 있다고 했다. 사설 헬스센터는 비용 부담도 되고 젊은 사람들만 가는 곳이라는 선입견에 운동 다닐 생각도 못했는데 가까운 복지관 스포츠센터에 가면 싸고 또래 이용자들이 많아서 새로운 인연이 생길 때도 있어서 최고라고.

60대 이상의 어른들을 만나면 세상이 좋아졌다는 이야기를 자주 듣는다.

해마다 순위를 정해 공개되는 국가별 행복지수를 보면 유럽의 국가들이 앞을 달리고 우리 한국은 50~60번에서 머물고 있다. 행복지수는 국민소득을 비롯한 경제적 측면이 아니라 삶에 영향을 미치는 여러 가지 사항을 기초로 나온 통계지수이기에 한편으로는 '아직도 우리나라는 …'이라는 자괴감이 밀려오기도 한다. 하지만 사회 복지 면에서는 불과 20년 전, 10년 전과 비교해도 놀랄 만큼 많이 달라져 있는 게 사실이다.

현재 의료, 주거, 생활, 일자리 등에서 다양한 형태의 복지제도가 실행되고 있지만 그중에서도 눈에 띄는 것 중 하나가 지역마다 생겨난 복지회관이다. 백화점 문화센터에 가지 않아도 질 높은 교양강좌를 들을 수 있고, 사설 스포츠센터를 가지 않아도 생활스포츠를 즐길 수 있어, 노년층에게는 더욱더 문턱을 낮추고 포용하고 모든 이들에게 평등하게 기회를 부여한다. 교양, 문화, 생활스포츠 등에서 모든 지역민들에게 공공의 혜택과 기회를 부여한다는 점에서 지역민들에게도 높은 점수를 얻고 있는 것 같다.

지방에 있는 친척 어르신과 종종 통화를 해야 하는데 낮 시간에는 통화를 하기 힘들 때가 많다. 이유는 그분이 복지관에 다니시면서 하루의 일과를 그곳에서 보내기 때문이다. 복지관에서 운행하는 차량이 있어 이동도 편리하고 지역의 또래 친구들을 만나 노래도 부르고 붓글씨도 쓰고 점심도 그곳에서 사 드신다는 얘기를 들었다. 그곳에 가면 일단 즐겁고 편하기 때문에 코로나19 기간에 그곳을 가지 못해 속상했다는 얘기도 들었다. 그제서야 나는 어르신들이 세상 참 좋아졌다는 말을 하는 이유가 더 실감나게 느꼈다.

세상은 어쩔 수 없이 젊었거나 구매력 있는 사회의 주요 계층에 맞추어 발전하게 된다. 하지만 정부와 사회는 물론이고 경제를 주도하는 기업들도 주 수요층에만 발 맞춰 걸어 나가기보다는 보이지 않는 우리 사회의 약자들에게도 시선을 한 번씩 주면서 폭을 맞추어 걷는 것은 어떨까.

어르신들이 집에서 우울하게 시간을 보내는 것보다 문화센터를 통하여 정신과 육체의 건강을 얻는 것은 건강보험으로 나가는 비용을 줄이는 등 사회 전체의 이익으로 돌아오기도 한다. 그 외에도 다양한 계층에게 다양한 경험을 즐길 수 있게 한다면 내수시장도 좀 더 다양해질 것이다. 평등하게 공공의 혜택과 기회를 부여함으로써 얻는 이익도 분명히 있다는 점을 말하고 싶다.

세상은 위험으로 가득하지만, 그것을 이겨내는 사람들로도 가득하다.
— 헬렌 켈러

청년이여! 여가를 발굴하라

먹고 사는 문제를 걱정하는 시대는 지났다. 지금은 누구에게나 쉼표가 당연시되는 시대다.

청년의 체력적 왕성함을 두고 옛 어른들은 '쇠도 씹어 먹는 나이다'라는 과장된 표현을 하곤 했다. 그도 그럴 것이 체력적으로는 최고의 완성기이고 사고 또한 가장 자유로울 수 있는 시기가 아니던가. 청년기는 공부나 직업 활동 못지않게 스포츠나 여가활동을 통해 에너지를 맘껏 발산해야 한다. 집에서 휴식시간을 갖거나 공연 관람 같은 수동적인 문화활동도 필요하겠지만 그 못지않게 그들은 집 밖의 세상에서 몸을 움직여야 하지 않을까 싶다. 집 밖의 세상에서 다양한 활동이 신체건강은 물론이고 정신건강에도 도움이 되는 것은 물론이고 새로운 사회를 접하고 배우면서 인간관계를 맺는 연장선이 되기 때문이다.

학업과 취업문제로 고민이 많은 청년들에게는 갈수록 치닫는 고물가 현상까지 겹치면서 여가활동의 기회마저 줄어들고 있다. 주머니가 빈약한 그들로서는 자칫 여가활동이 사치가 될 수도 있다.

청년들이 여가생활을 누리기가 쉽지 않다는 것을 우려한 나머지 올 들어서는 지방자치단체들이 주도하는 청년 여가생활 지원사업이 활기를 띠고 있다고 한다. 세종시의 청년센터는 '청년 쉼 지원사업' 참여자들을 대상으로 사업 안내 교육이 실시하면서 청년들의 문화, 여가 생활을 적극 지원을 위해 지역 화폐 30만 원을 지급한다는 뉴스를 접했다. 또 전라북도에서는 다양한 문화생활에 활용할 수 있는 청년문화복지카드를 지급하며 부산광역시에서는 중소기업에서 일하는 청년들을 위해 문화 여가와 자기 계발, 건강 검진 등 3개 분야에 사용할 수 있는 복지 포인트를 제공하는 것으로 알려졌다. 이들 지자체 외에도 각 지자체들의 청년의 문화나 여가활동을 응원하는 지원제도는 다양할 것이다.

이 나라의 어른 중 한 사람으로서 정부나 지자체들의 이같은 청년 지원에 대해 갈채를 보낸다. 더욱이 현실적으로 딸 셋이 20대 청년인 엄마이기에 공감대는 더욱 커진다. 다만 부모이자 어른의 입장에서 청년들에게 한 가지 주문하고 싶은 것이 있다. 그것은 바로 자신만의 여가 즐기기 아이템들을 다양하게 찾아 나서라는 것이다. SNS가 발달해서인지 어떠한 여가가 유행하고 나면 따라서 즐기는 경향을 보인다. 다들 즐겁다고 하는 것을 고르게 되는 것은 어쩌면 실패하는 것이 치명적이게 되는 빈곤한 지갑과 기회의 영향일 수도 있겠다.

얼마 전 기획사에서 일하는 후배로부터 들은 취미 이야기이다. 후배는 서울 교외에 사는데 직접 10평 주말농장을 년 10만 원에 분양받아 3년째 직접 야채를 키워서 자급자족하고 있다고 했다. 취미로 즐기지만 식물 키우기를 좋아하기에 집 근처 주말농장에서 야채를 키우는데도 여가시간의 많은 부분을 할애한다는 것이다. 여행이나 볼링등 다른 취미 활동도 여럿 해보았지만, 그래도 손과 발에 흙을 묻혀가면서 정성을 다해 키운 농작물들을 수확할 때 최고의 만족도를 느꼈다고 한다.

최근 들어 청년농부들이 늘어나고 있다는 뉴스를 접하곤 한다. 주말농장은 수익사업이 아니기에 농업이 아닌 취미생활의 일부분이다. 하지만 아무리 작은 땅에서의 야채가꾸기 라고 할지라도 손과 발을 움직이며 땀을 흘리고 정성을 들이지 않으면 수확은 기대할 수 없다. 취미라지만 근면하고 성실하게 시간을 들여 일용할 양식을 얻는 그녀의 이야기가 신선하기도 하고 멋지다는 생각이 들었다.

여가를 즐기는 방법은 백인백색 다 다르다. 최신 트렌드를 즐기는 것도 나쁘지 않지만 나만의 특별한 여가를 찾아보는 것도 좋을 것이다. 여가활동은 보여주기 위한 쇼가 아니라 나 자신을 위한 선물이다. 그것이 단지 시간을 보내며 일회성 만족으로만 끝나지 않고 심신

을 단련시켜주는 효과까지 안겨준다면 여가의 최상급
일 것이다.

나는 건전한 스포츠, 여가, 복지를 보다 많은 국민들
에게 확산시키고자 하는 단체의 리더다. 그래서인지 더
더욱 청년들에게 이런 말을 전하고 싶다.

"몸도 마음도 자유의 날개를 달고 세상을 날아다닐
수 있는 여러분들 자신만의 여가 유형을 찾아보세요.
인생에서 가장 아름다운 시절, 청년은 다시 돌아오지
않는답니다. 젊음이라는 기회가 주어졌을 때 맘껏 그
젊음을 펼쳐보십시오."

일만 하는 사람은 기계가 되고, 쉴 줄 아는 사람은 예술이 된다.
- 톨스토이